JN240559

保育ナビ
ブック

園のリーダーのための
リスペクト型マネジメント ❸

多機能化と
地域共創の
園づくり

大豆生田啓友／編著

フレーベル館

園と地域の持続可能性に向けた多機能化と共創
～リスペクト型マネジメントの視点で「こどもまんなか」のワクワクな社会へ

　日本はこれまでになかった人口減少時代にあります。待機児童時代から一転し、少子高齢化の社会の中での保育のあり方が求められる時代となっているのです。それは、園経営や保育の質の確保の問題に加え、地域の持続可能性の問題でもあります。地域そのものの存続の危機でもあるのです。そこで、園にはどのような役割が期待されるのでしょうか。

　少子化の背景には、子どもを産み育てることの困難な社会であることが言われています。最近のBIGLOBEの調査＊では、Z世代の約5割が「将来、子どもがほしくない」との結果が示されましたが、とても深刻な状況です。また、「子どもの声が騒音」だと言われる国でもあります。そうした子ども・子育てに対するネガティブな意識を転換する社会をいかにデザインするかが求められるのです。

　そこで期待されるのは、園が地域の中で「こどもまんなか」の拠点となることであり、園の保育を基盤に、家庭や地域とのつながりの中で、「子どもはおもしろい！」の輪を広げていくことです。そうすることで地域の様々な人や場がつながり合う「共生」「共創」が生まれ、結果的に「多機能化」する園も増えてくるのだと思います。その1つとして、「こども誰でも通園制度」も始まります。これからのリーダーには、このような時代の中でのマネジメントが求められるのです。本書では、そのような多機能化や地域共創の園づくりについて多様な実践事例を通して考えます。

大豆生田啓友

Contents

園のリーダーのためのリスペクト型マネジメント❸
多機能化と地域共創の園づくり

第 1 章　持続可能な園になるために地域との互恵関係を目指す

第 2 章

多機能化と地域共創のケーススタディ
4つの実践からアプローチを探る

第3章 様々なアプローチの具体例

子どもを真ん中にした地域の中の園づくり

子どもたちとまちに出かけていったり、まちの人に園を開いたりして、地域とつながることで園もまちも活性化していきます。普段の保育の中でできることから始めてみませんか。

まちの子どもも支える

医療的ケア児や障害児を支える
… P.24, 26, 82, 83, 86, 87

こども食堂
… P.74

こども誰でも通園制度… P.40・41

家庭を訪問して子育てを手伝う
… P.31

学童保育
… P.32, 42

子どもの居場所をつくる
… P.26, 30, 32・33, 59, 75, 82, 83, 90

お惣菜販売
… P.78

送迎ステーションをつくる… P.46・47

外部の研修を受け入れる… P.39

育児相談を受ける
… P.30, 40, 66, 74

カフェを開く
… P.31, 47, 48

コミュニティスペース
… P.24・25, 26, 70, 71, 90

産前産後ケア
… P.31, 67, 78

園を開いてまちの人とつながる

まちの資源を
使わせてもらう

まちに散歩に出かける
… P.23, 54, 55, 91

地域の資源（公園、
図書館など）を活用
… P.23, 49, 54, 58

農家さんに畑を借りる
… P.23, 34, 38, 46, 54

小学校に出かける
… P.59, 62, 63

いろいろな人に
あいさつ… P.55, 91

高齢者とふれ合う
… P.24・25, 55, 58, 91

まちの行事に参加する
… P.22, 49, 58, 90

外国の人と交流
する… P.22, 48

まちの人の得意を活かす
… P.26, 58, 70, 71, 79, 90

まちへ出かけて
まちの人とつながる

本書の使い方

本書では、「こどもまんなか社会」における持続可能な園づくりを提案しています。
様々な事例を読み解く形で園の多機能化や地域との共創について理解を深め、
読者の皆さまの新しい取り組みや改善につながるように構成しています。

多機能化するとはどういうこと？
様々な法人・園の考え方やアプローチから
多機能化に必要な視点や具体策を学ぼう！

地域との共創、まちづくりに
園がどうかかわるの？
様々な法人・園の事例から
取り組みのきっかけを見つけよう！

「リスペクト型マネジメント」の視点を学び、
これからの園づくりと
まちづくりに活かしてみよう！

巻末付録「園づくり・まちづくり
アプローチのヒント集」から、
自園でできることを探してやってみよう！

保育とまちが
ワクワクになる
事例に、ぜひ、
ふれてください！

持続可能な
園になるために
地域との
互恵関係を目指す

日本では今、「こどもまんなか社会」の実現に向け、様々なこども政策が打ち出されています。園でも日常の園の保育の充実を基盤に、地域とのつながりを視野に入れた実践を考えていくことが進んでいます。その際、安易な多機能化や地域交流ではなく、互恵的な関係を目指すことが鍵となるでしょう。第1章では、多機能化と地域共創を軸とした園づくりに取り組む意義を考えます。

執筆　大豆生田啓友

園が持続可能になっていくために
園も地域もワクワクになる取り組み

少子化や人材不足などが深刻になり、園の持続可能性に危機感がもたれる今、
地域との「互恵性」を大切にした多機能化や地域共創の園づくりを進めている園が現れています。
どんな取り組みなのか、のぞいてみましょう。

持続可能な園・地域・社会となるための互恵性を軸とした園改革の提案

かつてない少子化社会において、園と地域が共に持続可能になっていくためには？
「こどもまんなか社会」の実現にも寄与し得る園の多機能化と地域共創について解説します。

執筆　大豆生田啓友（玉川大学教授）

1 人口減少時代と園と社会の持続可能性

　ほんの少し前のわが国の保育の最大の課題は「待機児童」問題でした。その課題は一部の都市部等に残るものの、大きく転換し、子どもの出生数の減少は止まらず、現在では園児数の定員割れの状況が全国に広がっています。

　図1にあるように、0〜5歳人口は今後も減り続け、止まらないことが予測されています。一方、女性の就業率は今後も増加傾向にあり、3歳未満の保育ニーズは増える傾向にあります。調査段階では2025年（令和7年）が保育所利用児童数のピークと予想されていますが、すでに全国のあちこちの地域で定員割れの実態が起きているのです。特に人口減少地域ではそれが顕著で、園の運営が困難になったり、統廃合が行われたりするなど深刻な状態にあります。

　また、それは、そのような一部の地域だけではなく、全国の多くの地域に広がっていく懸念があるのです。そして、単に園経営の問題だけではなく、子どもへの保育の質の確保に課題をもたらします。

　さらに、その地域（市区町村）で子どもを産み育てる人が少なくなり、地域自体の持続可能性の危機という大きな課題をもたらすのです。このような少子高齢化の進行という社会の持続可能性の課題の中で、現代の園や保育のあり方が問われています。

2 「こどもまんなか社会」時代の園の役割
ー「園が地域まんなか！」の時代へ

　このような少子高齢化、人口減少社会の中で、国は「こどもまんなか社会」を掲げました。そして、「こども基本法」を制定し、こども家庭庁を創設したのです。「こどもまんなか社会」とは、常に子どもの最善の利益を第一に考え、子どもに関する取り組み・政策をわが国の真ん中に据えた社会のことです。この深刻な少子高齢化の状況に対して、子どもや子育てにかかわる課題を社会全体で真ん中に据えないと持続可能な社会は保障できないことを背景に生まれたものと言えるでしょう。

　特に乳幼児期については、こども施策の今後5年程度の基本的な方針を示した「こども大綱」に加え、「幼児期までのこ

図1　保育所の利用児童数の今後の見込み

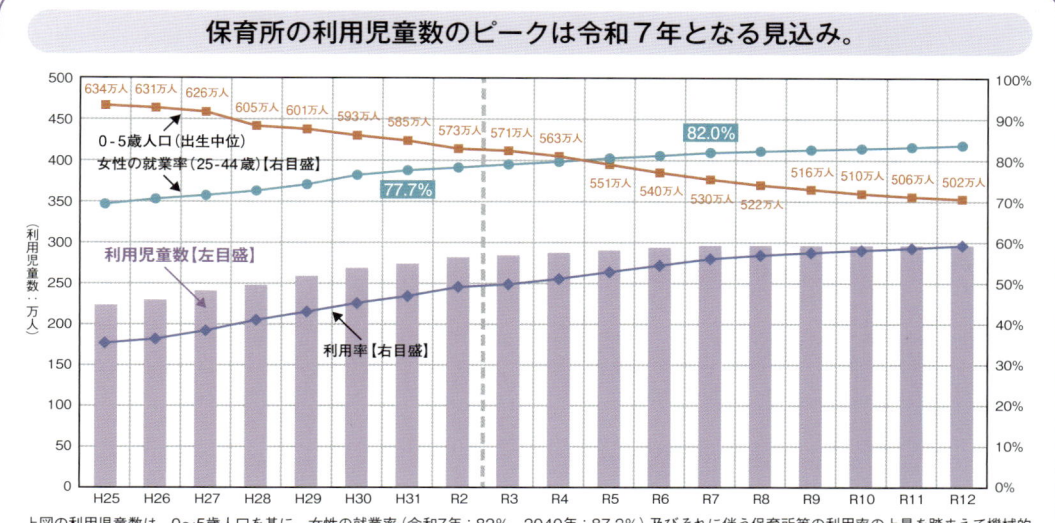

保育所の利用児童数のピークは令和7年となる見込み。

上図の利用児童数は、0〜5歳人口を基に、女性の就業率（令和7年：82%、2040年：87.2%）及びそれに伴う保育所等の利用率の上昇を踏まえて機械的に算定したものである。

＊1　0〜5歳人口については、令和2年までは総務省統計局「人口推計」（平成27（2015）年国勢調査を基準とする推計値）、令和3年以降は国立社会保障・人口問題研究所「日本の将来推計人口（2018年推計）」の出生中位・死亡中位結果による（N年の人口は「N−1」年10月1日時点）。
＊2　女性の就業率については、令和7年に82%との目標（第2期まち・ひと・しごと創生総合戦略）に対応するとともに、独立行政法人労働政策研究・研修機構「労働力需給推計」（平成31年3月29日、経済成長と労働参加が進むケース）において、2040年で87.2%まで伸びると推計されていることを踏まえて設定。
＊3　保育所等の利用率については、女性の就業率の上昇に対応するものとして算定。

＊ 「令和4年版厚生労働白書（令和3年度厚生労働行政年次報告）—社会保障を支える人材の確保—」厚生労働省、2021を基に作成

どもの育ちに係る基本的なビジョン（はじめの100か月の育ちビジョン）」（以下、100か月ビジョン）を策定しました。この100か月ビジョンは、誕生前から幼児期までの時期は、特に人の生涯のウェルビーイングの基盤となる最も重要な時期であるとして、全世代のすべての人で子どもの育ちを支えていくことが社会全体の責任であり、それはすべての人のウェルビーイング向上につながるとし、その理念や考え方を示し、取り組みを推進するための羅針盤として作られたものです。

14ページの図2はその概要です。この100か月ビジョンには5つのビジョンが示されていますが、特にここで取り上げたいのはビジョン5です。「こどもの育ちを支える環境や社会の厚みを増す」とあ

ります。これは、これからは保護者や養育者、保育者などの子どもにかかわる専門職のみならず、日常的に子どもとの接点があまりない人も含めた人とのかかわりや、地域の様々な空間や施策・文化等も含めたかかわりの厚みを増すことを求めているのです。地域のあらゆる人や施設等、みんなで子育ての社会をつくろうというビジョンと言えます。そのことはビジョン5のみならず、ビジョン3では「切れ目なく育ちを支える」として、小中高校生、大学生などと乳幼児のつながりを通して、育てられる側が育てる側への育ちのサイクルを支えることも社会全体での子育てにつながるビジョンです。

もし、その地域の真ん中に園が位置付けられるのであれば、園が地域の様々な

図2　幼児期までのこどもの育ちに係る基本的なビジョン
　　　（はじめの100か月の育ちビジョン）概要　　　　　　　令和5年12月22日閣議決定

はじめの 100 か月の育ちビジョンを策定し全ての人と共有する意義

幼児期までこそ、生涯にわたるウェルビーイング（身体的・精神的・社会的に幸せな状態）の向上にとって最重要

✓ 誰一人取り残さないひとしい育ちの保障に向けては課題あり
※児童虐待による死亡事例の約半数が0〜2歳／就園していないこどもは、家庭環境により、他のこどもや大人、社会や自然等に触れる機会が左右される

✓ 誕生・就園・就学の前後や、家庭・園・関係機関・地域等の環境間に切れ目が多い

⇒社会全体の認識共有 × 関連施策の強力な推進のための羅針盤が必要

目的　全てのこどもの誕生前から幼児期までの「はじめの100か月」から生涯にわたるウェルビーイングの向上

全てのこどもの生涯にわたる
身体的・精神的・社会的
（バイオサイコソーシャル）
な観点での包括的な幸福

⇒全ての人のウェルビーイング向上にもつながる

こども基本法の理念にのっとり整理した5つのビジョン

1 こどもの権利と尊厳を守る

⇒こども基本法にのっとり育ちの質を保障

✓ 乳幼児は生まれながらにして権利の主体
✓ 生命や生活を保障すること
✓ 乳幼児の思いや願いの尊重

2 「安心と挑戦の循環」を通してこどものウェルビーイングを高める

⇒乳幼児の育ちには「アタッチメント（愛着）」の形成と豊かな「遊びと体験」が不可欠

「アタッチメント（愛着）」〈安心〉
不安な時などに身近なおとなが寄り添うことや、安心感をもたらす経験の繰り返しにより、安心の土台を獲得

豊かな「遊びと体験」〈挑戦〉
多様なこどもやおとな、モノ・自然・絵本・場所など身近なものとの出会い・関わりにより、興味・関心に合わせた「遊びと体験」を保障することで、挑戦を応援

3 「こどもの誕生前」から切れ目なく育ちを支える

⇒育ちに必要な環境を切れ目なく構築し、次代を支える循環を創出

✓ 誕生の準備期から支える
✓ 幼児期と学童期以降の接続
✓ 学童期から乳幼児と関わる機会

4 保護者・養育者の
ウェルビーイングと
成長の支援・応援をする

⇒こどもに最も近い存在をきめ細かに支援

✓ 支援・応援を受けることを当たり前に
✓ 全ての保護者・養育者とつながること
✓ 性別にかかわらず保護者・養育者が共育ち

5 こどもの育ちを支える環境や社会の厚みを増す

⇒社会の情勢変化を踏まえ、こどもの育ちを支える工夫が必要

（こども／保護者・養育者／こどもと直接接する人／こどもが過ごす空間／地域の空間／施策や文化）

✓ 「こどもまんなかチャート」の視点（様々な立場の人がこどもの育ちを応援）
✓ こども含め環境や社会をつくる
✓ 地域における専門職連携やコーディネーターの役割も重要

「はじめの100か月」とは

本ビジョンを全ての人と共有するためのキーワードとして、母親の妊娠期から幼保小接続の重要な時期（いわゆる5歳児〜小1）までがおおむね94〜106か月であり、これらの重要な時期に着目

はじめの100か月の育ちビジョンに基づく施策の推進

✓ こども大綱の下に策定する「こどもまんなか実行計画」の施策へ反映
✓ 全ての人の具体的行動を促進するための取組を含め、こども家庭庁が司令塔となり、具体策を一体的・総合的に推進

＊「幼児期までのこどもの育ちに係る基本的なビジョン（はじめの100か月の育ちビジョン）概要」こども家庭庁、2023を基に作成

人や施設などのハブであり、拠点になり得るのではないでしょうか。つまり、子どもが減少する社会において、園が地域とのつながりの中で、地域の社会的資源として機能するプラットフォームの1つとなることが考えられます。これは、持続可能な社会の維持が危ぶまれるなかで、園が社会変革の重要な場となり得ることでチャンスを生み出す可能性を秘めていると言えるのではないでしょうか。

3　多機能化する保育
－人口減少地域の
　新たな可能性

　園が地域の真ん中になるということは、園の保育がより地域に開かれることであり、多機能化していく方向性だとも言えます。もちろん、それは地域や園の実情に応じてであり、あくまでも園内におけ

る保育が基盤です。厚生労働省は、「地域における保育所・保育士等の在り方に関する検討会」を行い、その方向性を示しています（図３）。これは、今後の人口減少社会において、良質な保育を提供し続けることが大きな課題であるとし、国としても大きな柱として位置付けることが必要だとしているのです。その具体的な取り組みとして、①人口減少地域等における保育所の在り方、②多様なニーズを抱えた保護者・子どもへの支援、③保育所・保育士による地域の子育て支援、④保育士の確保・資質向上等、の４つの視点から示されています。この報告書は主

に人口減少地域を念頭に作成されたものですが、まさに今後、多機能化する園の方向性が示されたものとも言えるでしょう。

②の多様なニーズを抱えた保護者・子どもへの支援には、一時預かり事業、こども誰でも通園制度（報告書段階では制度化されていない）、児童発達支援との一体的な支援、医療的ケア児等の保育などが挙げられています。すでにこれらの取り組みはあちこちで動き出しています。

特にこども誰でも通園制度は、こども未来戦略方針において、すべての子どもの育ちを応援し、子どもの良質な成育環境を整備するとともに、すべての子育て

図３　地域における保育所・保育士等の在り方に関する検討会 取りまとめ 概要

政策の方向性

● これまでの国の保育政策は**待機児童問題への対応**が主軸。引き続き「新子育て安心プラン」等による保育需要への対策は実施。
● 今後の人口減少社会において、良質な保育を提供し続けることが大きな課題。国としても保育政策の大きな柱として位置付ける必要。
● 同時に、未就園児の養育家庭等への支援を地域の子育て資源が担っていく中で、特に**０～２歳児への支援に強みを持つ保育所・保育士の役割を強化**。

→ 保育を必要とする家庭への保育を確実かつ質を伴う形で提供する体制を前提としつつ、個々の保育所の強み・体制等を踏まえた役割分担の下で、他の子育て支援機関等とも連携・協働した上で、多様な保育・子育て支援ニーズを地域全体で受け止める環境整備を行う。
→ これを支える各保育所の体制について、保育士や保育士以外の子育て経験者等で役割分担しながら、他の関係機関と連携・協働していくため、各種事業等での支援や、給付や評価の在り方の見直し、そのための研修体系の構築など、総合的な取組を進めていく。

具体的な取組内容

□ 検討を速やかに開始すべきもの　■ 中長期的な課題

① 人口減少地域等における保育所の在り方

□ 各市区町村が各保育所等の状況を踏まえた役割分担を整理・明確化し、持続可能な保育提供体制づくりを計画的に行う
□ 統廃合や規模の縮小、多機能化等の事例収集と展開
□ 人口減少地域で有効活用が期待される制度（公私連携型保育所、社会福祉連携推進法人等）に関する制度周知と多機能化のための改修費支援
■ 利用定員区分の適切な設定の周知と細分化等を含む公定価格の見直しの検討　　等

③ 保育所・保育士による地域の子育て支援

□ 保育所の地域支援を促進するための情報提供の義務化
□ 地域の身近な相談先である「かかりつけ相談機関」を保育所が担うためのインセンティブ喚起
□ 他機関と連携して効果的に地域支援を行う保育所等の実践例の収集・共有、保護者相談への対応手引きの作成
□ 巡回支援事業等で保育経験者の活用による保育所の地域支援方向上
■ 人口減少地域に対応した地域支援の在り方の検討（主任保育士専任加算の要件見直し等）　　等

② 多様なニーズを抱えた保護者・子どもへの支援

□ 子育て負担を軽減する目的（レスパイト・リフレッシュ目的）での一時預かり事業の利用促進や施設見学・ならし預かり等を経た事前登録制度の構築
□ 保育所に通所していない児童を週１～２回程度預かるモデル事業やICT等を活用した急な預かりニーズへの対応
□ 保育所と児童発達支援との一体的な支援（インクルーシブ保育）を可能とするための規制の見直し
■ 一時預かり事業を通じた保護者への相談対応などの寄り添い型の支援の実施や、そのための職員研修の検討
■ 医療的ケア児、障害児、外国籍の児童等対応に係る研修の検討・推進　　等

④ 保育士の確保・資質向上等

□ 中高生への周知や保育技術の見える化等、保育士の魅力発信
□ 各種研修の更なるオンライン化の推進
□ 休憩とは別に、物理的に子どもと離れ各種業務を行う時間（ノンコンタクトタイム）の確保と、そのためのスペース確保の改修費支援
□ 児童へのわいせつ行為で登録を取り消された者には、再登録の際、厳格な審査を求める等、教員と同等の保育士資格管理の厳格化
■ 公的価格評価検討委員会での議論等を踏まえた更なる処遇改善
■ へき地医療等も参考にした地域での保育士の定着支援の検討
■ 自己評価、第三者評価の実態把握と改善策の検討　　等

＊「地域における保育所・保育士等の在り方に関する検討会 取りまとめ 概要」厚生労働省、2021を基に作成

家庭に対して働き方やライフスタイルにかかわらない形での支援を強化するために、月一定時間までの利用可能枠の中で、就労要件を問わず時間単位等で柔軟に利用できる新たな通園給付を新設したものです。

これは、0～2歳のどこにも就園していない子どもへの支援で、現在は試行的に取り組まれていますが、今後、全国に大きく展開する取り組みです。一時預かり事業では保護者のリフレッシュ目的が強調されていたのに対して、こども誰でも通園制度は、子どもの良質な育ち、まさに子どもの育ちのための事業として位置付けられていることが重要です。園が多機能化するなかで、こども誰でも通園

制度に限らず、常に「子どもにとってどうか」が中心に据えられることが不可欠と言えるでしょう。

4 リスペクト型マネジメントの視点を地域づくりに展開

本書は、『園のリーダーのためのリスペクト型マネジメント』シリーズの第3弾に位置付くものです。園が多機能化したり、地域のプラットフォームになったりするということは、リーダー層が地域とのつながりの中で園をいかにデザインしていくかというマネジメントのあり方

図4　リスペクト型マネジメントによる組織改革の4つの視点

園のHappyを形づくる
リスペクト型マネジメントの4つの視点

① 語り合う風土・ミッションの共有
- 気軽に子どものことを語り合える雰囲気
- 職員の声を聴くボトムアップ型のリーダーシップ

② 職員一人ひとりの良さ・個性の尊重
- 職員の心の安全基地
- 一人ひとりの得意なこと・強みに着目して、良さが活かされる組織

③ 個々を活かす働き方のマネジメント
- 働き方改革
- 時間管理のためのマネジメント
- 多様な職員を活かすマネジメント

④ 外部（家庭・地域、自治体）との協働的かかわり
- 園からの発信と対話
- 保護者へのリスペクト
- 地域に園を支えるファン（協力者・理解者）を形成

の1つだと言えます。その意味では、これまでに示してきたリスペクト型マネジメントの「4つの視点」との関連が重要になります。4つの視点とは、「①語り合う風土・ミッションの共有」「②職員一人ひとりの良さ・個性の尊重」「③個々を活かす働き方のマネジメント」「④外部（家庭・地域、自治体）との協働的かかわり」（図4）のことです。

園の多機能化や地域のプラットフォームになることは、④の「外部（家庭・地域、自治体）との協働的かかわり」の視点が中心となることは言うまでもありません。しかし、この多機能化や地域とのつながりがうまく機能するためには、ほかの3つの視点とのかかわりが重要になるのです。例えば、こども誰でも通園制度を実施する場合を考えてみましょう。

まず、こども誰でも通園制度を自園で行う意味を、園のミッションに照らし、職員と話し合って行う必要があるでしょう。これは、①の「語り合う風土・ミッションの共有」にあたります。私が知っているある園では、この制度によって単に「新たな負担が増える」と理解するのではなく、「地域の子育てに不可欠で、自分たちでできることを工夫してみよう」という語り合いが行われたそうです。ここに、事業をどう理解し、有効に進められるかの大きな差が生まれるでしょう。

また、「利用の申し込みの対応を行うことには負担感がある」という職員からの声があったそうです。園長はその声に応じて、その事務的な対応は外注するなどして職員の声や働き方への工夫を行いました。これは、③の「個々を活かす働き方

のマネジメント」に関連するものです。

ほかにも、ある事業の担当になる職員配置について、②の「職員一人ひとりの良さ・個性の尊重」を考慮して行う必要もあるでしょう。様々な個性をもった職員の強みを活かした配置が求められます。

このように多機能化は、単なるトップダウンの事業展開ではなく、職員へのリスペクトを基盤にしたマネジメントにより、有効に機能するのでしょう。

5 「子どもはおもしろい！」のまちづくりへ
－「競争」から「共創」（地域共創）の園へ

園が地域のプラットフォームとなり、多機能化するということは、園が子ども真ん中の「まちづくり」の拠点にもなり得るということだとも思います。それは、これまでの「保育はサービス」であるという市場原理型の「競争」ではなく、地域の様々な人や場が共につながり、支え合う「共生」あるいは「共創」（地域共創）への大きな転換を意味しているのです。

このことは、これまでも園は地域のつながりの居場所としての重要な「社会的インフラ」でしたが、さらに新たな時代の中で「共生」「共創」の場として位置付け直すこととも言えるでしょう。

現代社会においては、「子どもの声は騒音」「園は迷惑施設」「公園ではボール遊びをするな」など、周囲の大人からの子どもや親子へのまなざしはとても冷たいものとなってしまいました。そのような社会の変化が、地域から分断され、孤

立した密室育児を進めてきたと言えるでしょう。

しかし、「まち保育」（三輪・尾木）などの取り組みでは、幼児が地域に散歩に出て、近所のおじちゃん・おばちゃんに声をかけ、お庭の花などを写真に撮らせてもらい、後日、「ありがとうカード」を作って行う交流などを通して、近所の人たちが園や子どもの応援団になってくれるといった成果があることが報告されています。そういった取り組みは、多世代交流になるだけでなく、防災にまでつながるのです。

持続可能な社会をつくるためには、かつてはあった地域での支え合いのように、現代版の地域での支え合いの子育てや保育の場をデザインしていく必要があります。それが、園が地域のプラットフォームとなり、「子どもはおもしろい」を共有するまちづくりの拠点としてのあり方の模索なのです。

そうした取り組みはすでに全国のあちこちで進められています。本書はそうした多機能化、地域共創の魅力的な取り組みを紹介した本です。実に多様で、ユニークな取り組みが進められていることは、本書を読んでいただければよくわかるはずです。

ひろばやカフェ、こども食堂などの地域の多様な親子の拠点となる取り組み。小中学生や高齢者などの多様な世代の交流拠点となる取り組み。児童発達支援や医療的ケア児の保育など多様なニーズのある親子への支援の取り組み。商店街・農家・企業・学校など近隣の人や場などとの協働的な取り組み等々、今後、そうした取り組みは大きく広がっていくでしょう。

その具体的なあり方は、園のある地域やそこでのニーズにより、あるいは園の個性によっても大きく異なるので、全国一律に同じ取り組みをすればいいわけではなく、その園やその地域に合った取り組みが求められます。

また、そうした取り組みは、かつてはよく見られたような年に1回だけある例年通りのイベント型の地域交流ではありません。これからは、子どもや園にとっても交流する相手にとっても互いに恵みがあること、つまり「互恵性」があることが不可欠です。

それは言い換えれば、子どもがワクワク、保育者集団がワクワク、保護者がワクワク、まちの人々がワクワクにつながる、主体的で協働的な保育の営み（共主体の保育）ということでもあります。

そして、子どものワクワクを真ん中にして、「子どもはおもしろい」から地域とつながり、社会変革につなげていく、co-agency（共主体、協働主体）の取り組みとも言えるのです。

今、私たち保育にかかわる関係者には、そのような未来をデザインしていくことが大切になるのだろうと考えます。

参考文献
・エリック・クリネンバーグ著、藤原朝子訳『集まる場所が必要だ　孤立を防ぎ、暮らしを守る「開かれた場」の社会学』英治出版、2021
・三輪律江・尾木まり編著『まち保育のススメ―おさんぽ・多世代交流・地域交流・防災・まちづくり』萌文社、2017
・秋田喜代美・第一日野グループ『保幼小連携―育ちあうコミュニティづくりの挑戦』ぎょうせい、2013
・大豆生田啓友監修、おおえだけいこ著『日本の保育アップデート！　子どもが中心の「共主体」の保育へ』小学館、2023

多機能化と地域共創のケーススタディ

4つの実践から
アプローチを探る

これからの時代の園は、地域の中で重要な役割を担う可能性を秘めています。第2章で取り上げる4つの先進的事例の「課題や想い」「アプローチ」を1つずつたどると、どんな実践者にも参考にできそうな「はじめの一歩」が見えてきます。リーダーたちの子どもや地域への想いが行動となり、地域と互いに包み込み合う関係をつくっていった力強い実践を紹介します。

取材・コメント　大豆生田啓友

ケアを起点として コミュニティを再構築し、 社会をやさしくする実践

社会福祉法人愛川舜寿会
カミヤト凸凹保育園（神奈川県厚木市）

 理事長　馬場拓也さん

園の概要：神奈川県厚木市にある保育園。2019年に、本厚木駅からいちばん遠く田園や酪農にふれることができる場所に開園。定員90名。児童発達支援、放課後等デイサービスを行うカミヤト凸凹文化教室を併設。同法人の特別養護老人ホームのミノワホームの高齢者とも日常的に交流をもつ。

アプローチのポイント

どのように地域の中で持続可能な園づくり・まちづくりを進めているのか、ポイントを紹介します。

1 多様性を 当たり前と捉え、 強みにする

外国人比率が高く、ダイバーシティの素地がある地域で、子どもたちに育つものを大切に。

2 園の子どもが 地域にどんどん 出ていく

地域の資源を使わせてもらうことで、子どもにも、地域にもうれしい互恵性の関係。

3 コミュニティ 醸成装置としての 環境づくり

コミュニケーションが自然と生まれるようなインクルーシブな環境をつくる。

4 地域の 「センター」再生で まちが活性化

地域のコミュニティ拠点をまちのみんなでつくり、互いに気にかけ合うまちを目指す。

課題の発見と想い
分断を超え、地域と「生きることを共にする」ことを目指して

両親の想いから社会福祉法人設立

本法人は、馬場拓也さんの両親で、初代理事長の馬場学郎さん、施設長の恵美子さんが1992年に立ち上げ、介護事業にかかわってきました。学郎さんはもともと酪農家でしたが、自身の両親の病気・他界を契機に「家族の気持ちを受け止められる施設をつくりたい」と社会福祉法人を設立しました。

まちの特徴から見えてきたこと

馬場さんは高校入学時に愛川町[*1]から県外に出て大学、就職と、地元から離れて暮らしていましたが、約20年後、法人を継ぐために地元に戻りました。福祉事業にかかわって気付いたのは、愛川町の外国人比率の高さと多様性を受容するまちの風土でした。しかしそれと同時に、高齢者や障害者の暮らしが地域から分断されている現状に閉塞感を感じます。そこで、法人の特別養護老人ホームの外壁を取り払い、だれでも入ることができる庭をつくって福祉をまちに開こうと考えます。

そんな計画のさなか、2016年、隣町で相模原障害者施設殺傷事件[*2]が起きました。計画延期という意見も出ましたが、事件の直後だからこそ福祉を可視化することの重要性を感じ、実行に移します。

また、この事件を機に、0〜6歳の人格形成期にかかわる保育・幼児教育施設のあり方に疑問を抱き、保育園をつくることを考え始めました。

だれしもがもつ「凸」と「凹」

カミヤト凸凹保育園は法人のそんな意図の下に生まれました。園名には、だれしもがもつ「凸」に注目し、だれしもがもつ「凹」をみんなで埋め合う、という想いが込められています。凸だけの人などいなくて、凸凹のグラデーションの中にだれもがいる。それを自己受容し、職員も含めた園のみんなが弱みを自己開示することで、信頼関係が育っていくと考えています。

また、子どもへのケア、地域の人へのケア、職員同士のケアと、「ケア」を中心軸としてチームづくりを進めています。「保育」ではなく「社会」を語りたいと馬場さん。法人の3つの理念を「共生（Conviviality：多様性を認め合う）」「寛容（Tolerance：許し受け入れる）」「自立（Autonomy："個"を尊重する）」として、「地域の人びとと、ケアを起点としたコミュニティを再構築し、社会をやさしくする」というビジョンを掲げています。

---

*1 神奈川県愛甲郡愛川町
*2 神奈川県相模原市にある知的障害者支援施設「津久井やまゆり園」での19人殺傷事件

① 多様性を当たり前と捉え、強みにする

 2019年に凸凹保育園を立ち上げる前から、地域を巻き込みながら、1,000人以上が参加する盆踊りを年1回やっています。近所の子どもたちもたくさん来ます。そこには、要介護5というような重度の障害をもった高齢者も、テントのところで浴衣を着て車いすでたくさん参加しています。そういう姿を園の子どもたちが見て、何かを感じているのではないかと思うんです。

愛川町は、外国人比率が神奈川県でいちばん高いまちで、人口約4万人のうち9％ほど。広大な工業地帯があり、そこに多くの外国人雇用が生まれているからです。ダイバーシティの素地がある地域です。私の運営する保育園でも日本を含め11か国の子どもが一緒に過ごしています。この地域では多様性が当たり前なのです。こういうお祭りにも多様な国の人たちが集まります。

保育園の中で障害のある子や外国人の子の比率はだいたい4割。肌の色が違うとか、見た目でわかりますが、保育者には多いという感覚はないのです。ケアという視点で見れば、その子たちだけではなく園児みんなにケアが必要ですから。

② 園の子どもが地域にどんどん出ていく

子どもたちが地域を練り歩くと、地域の高齢者が元気になっていきます。児童福祉のための保育園の財源を使って介護予防をやっているようなものです。逆に、高齢者施設に投下される財源が子どもたちにも漏れ伝わっていくこともある。これがある意味インクルージョンで、社会保障としての役割を担っていくのではないかと考えています。

遊具は公園のものを使う、動物にふれたい時は養豚場に行く。それが可能な距離に園をつくることで、盆踊りとは逆に、子どもが地域を練り歩いて地域が元気になるのではないかと。地域というと曖昧ですが、"5歳児が散歩で歩き回って午前中に園に戻って来られる距離"と定義しています。日常的にお付き合いしている農家さんと一緒に米作りをさせてもらったり、養豚場のおじさんは社会派で、鼻をつまんで通る小学生に「お前ら、ちょっと来い！」と言って豚小屋の中を案内してくれる人だったり、開園前から相談に乗っていただいたお寺があったり……。そんな地域の大先生が園との付き合いを楽しみにしてくれています。

地域とのかかわりでは、最初が肝心だといつも思うんです。事業は、住民説明会から始まっていると考え、この地域を選んだ理由と、子どもたちをまちぐるみで育てていくことへの想いを熱く伝えました。事業をやっていく時に、地域をお借りするという謙虚さを忘れてはいけないと感じています。「愛される園」になれるかどうかは経営者次第。保育者はもちろんですが、経営者が「うちの職員がお世話になります」「ご迷惑をおかけしていないですか？」と頭を下げて回るということをやると、その後全然違います。

③ コミュニティ醸成装置としての環境づくり

特別養護老人ホームの壁を取り払って福祉を開き、パブリックな庭空間にしました。すると福祉がまちの風景になっていく現象が起きました。保育園での考え方も同じで、地域とのつながりを意識した設計です。その1つに放課後等デイサービスがあります。凸凹保育園では障害のある子どもを多く受け入れていますが、障害のある子たちが卒園した後もつながっていけるように、18歳まで通える放課後等デイサービスを併設しました。

before

after

園舎の空間をセパレートしていくことで、人間の性として、あっちの子、こっちの子と分けてしまうことになります。これを空間的に解決するために、設計の段階で建築家と議論し、アクセシビリティが高まるよう回廊型の平屋の園舎にしました。子どもも保育者もすれ違って循環し、交流が生まれることに着目した建築空間です。

 園の塀は板のピッチを広めにとっていて、板の間から握手やハイタッチができます。近所のおばあちゃんが子どもに声をかけるために、毎日通ってきてくれます。

 園の子どもたちとふれ合うようになって1年くらい経った時、近所のおばあちゃんが変化したことに気付きました。前よりお化粧をしっかりされるようになっていたんです！　おばあちゃんは一人暮らしでしたが、日常的に子どもとかかわることで人とかかわる日常になってきたのだと思います。(保育者)

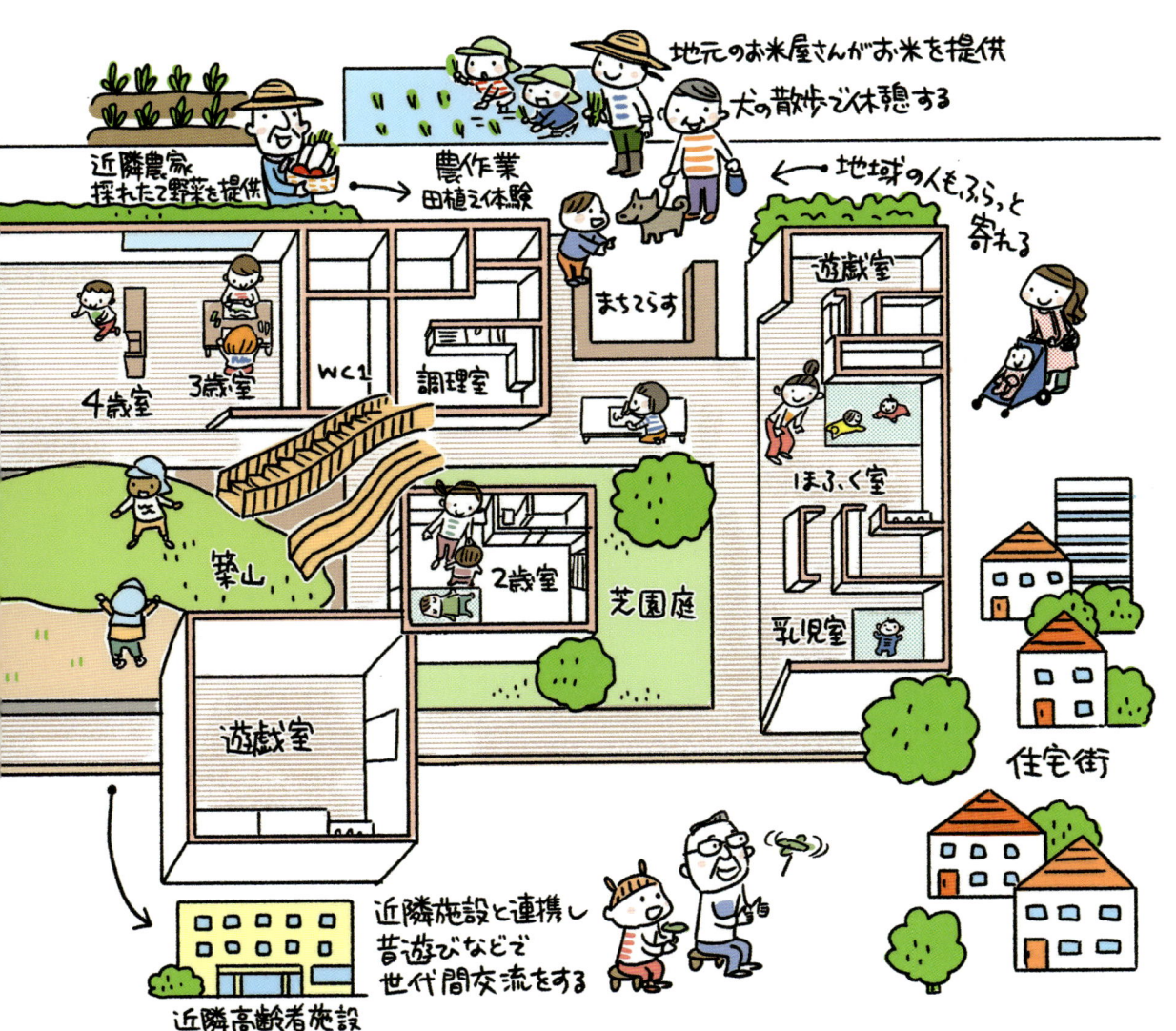

地元のお米屋さんがお米を提供
犬の散歩で休憩する
近隣農家、採れたて野菜を提供
農作業 田植え体験
地域の人もふらっと寄れる
まちてらす
4歳室
3歳室
WC1
調理室
遊戯室
ほふく室
乳児室
築山
2歳室
芝園庭
遊戯室
住宅街
近隣施設と連携し昔遊びなどで世代間交流をする
近隣高齢者施設

④ 地域の「センター」再生でまちが活性化

1969年に建てられ、かつては地域の中心だったスーパーマーケット「春日台センター」の跡地に人が集う場を再生させる取り組みをしています。再びまちの中心（センター）に、という思いを込めて、「春日台センターセンター」と名付けました。地域のグループホーム（高齢者）、放課後等デイサービス（障害児）、駄菓子屋、障害者就労支援、洗濯代行サービス、寺子屋などをつくり、愛川町のコミュニティ拠点としてお互いが気にかけ合うまちを目指しています。

❶春日台コロッケ。地元の老若男女に愛されてきた味を継承。❷洗濯文化研究所。忙しい現代人が時間をお金で買うという発想のコインランドリー。❸寺子屋。学校だけでなく、だれもが学びにアクセスできる権利。❹コモンズルーム。だれもがいられるなんでもない場所。❺障害者福祉サービス。放課後等デイサービスや就労継続支援Ａ型・Ｂ型事業所「KCCワークス」。❻高齢者福祉サービス。

障害者就労支援事業にも取り組んでいます。春日台センターセンターにあるKCCワークス（就労継続支援Ａ型・Ｂ型事業所）から障害のある青年が清掃のために凸凹保育園に行くのですが、子どもたちが一緒に掃除をしたがるんです。彼自身も子どもと一緒に掃除をすることでどんどん変化してきて、ケアされる立場の彼がケアの資源となり、みんながすごく生き生きと瑞々しくなっていく。バイアスのない子どもたちだからこそ社会に与えられる効力ですね。

やってみよう！　はじめの一歩

例えば、こんなところからスタートしてみてはいかがでしょうか？
園の強みが活かせるように考えてみましょう。

地域の良さを考えてみる
このまちならではの特徴は？　どうやって活かせそう？

意図的に地域の資源を使う
地域とのwin-winをイメージして、地域の懐に飛び込む

立ち寄る場をつくる
地域の人が園に気軽に立ち寄れるような場づくりは？

大豆生田先生まとめ
園を開き、まちが元気になっていく

園だけで完結しないことで互恵性のある取り組みを実現

　本書のテーマは馬場さんにぴったりだと言いたくなるような取り組みです。そのポイントの1つ目は、園や施設を閉じない工夫をし、園だけで完結させないということ。様々な人とのかかわりの中で、子どもにとっての地域の資源、地域にとっての子どもとかかわる機会の創出が重要だとしている点です。

　2つ目に、その取り組みが園にも地域にも互恵性のあるものとなっていること。「こどもまんなか社会」は、子どものためだけのものではなくて、子どもに視点を向け、子どもを一度真ん中に置いてみた時にどのように社会をつくるか、ということですが、まさにそういう取り組みです。

　カミヤト凸凹保育園での実践では、地域の住民とのかかわりで子ども・住民双方にメリットがあり、障害者の就労支援でも「ケアされる側がケアする側になる」という関係があるなど、互恵性があちこちで起きる仕掛けをつくっています。

リスペクト型マネジメントの視点

　もう1つ、重要な点は、馬場さんは園の経営者の役割を「エディター（編集者）的である」と考えている点です。「保育者の専門性を縦糸とした時、社会資源、教育資源となる横糸をどう編むか」だと言うのです。馬場さんが園のビジョンをアウトラインとして描き、その内側は保育者が考え塗っていくというように各々の想いと強みを大切にし、自分の役割で大事なのはチームのコンディションを整えることだと言います。職員を尊重しながら、現場が動きやすいよう地域や外部資源とつなげていくコーディネーター的な視点だと言えるでしょう。

地域に保育を届け、子どもと子育てを中心にしたまちづくりへ

学校法人柿沼学園
認定こども園 **こどもむら**（埼玉県久喜市）

 理事長　柿沼平太郎先生

法人の概要：1975年に学校法人柿沼学園を設立し、幼保連携型認定こども園、小規模保育事業、企業主導型保育事業、放課後児童クラブ等を運営。カフェや駄菓子屋等と一体化した複合施設、ホームスタート、産前・産後ケア事業、学習支援事業等に取り組み、子ども・子育て中心のまちづくりを目指している。

アプローチのポイント

どのように地域の中で持続可能な園づくり・まちづくりを進めているのか、ポイントを紹介します。

1 地域の親子に保育を届ける

地域の子育て世帯にも保育の根幹である「生命の保持と情緒の安定」を提供する。

2 地域で母親を産前からケアする

核家族が多いため、特に産前からの母親の心身のケアを事業として行う。

3 まちの子どもも支える

小学生になった子どもたちの放課後の居場所、不登校の子どもたちの居場所をつくる。

4 立地を活かして農業に携わる

農村地域である立地を活かし、地域の農業に携わり、食育やこども食堂につなげる。

課題の発見と想い
少子化を見据え、視点をまちづくりへ

約20年前に来た少子化の波

　園のある場所は、1市3町の合併でできた埼玉県久喜市で、2010年に合併する前は栗橋町という人口2万7,000人くらいの小さな町でした。少子化で旧栗橋町の小学校は統廃合で3校になり、うち1校は1クラスしかない状態。また、旧栗橋町の駅前にあった銀行やスーパーは撤退し、コンビニすら撤退する状況でした。「今、多くの地域が少子化で経験している状況が、20年ぐらい前の私たちの地域にあり、ここが取り組みの原点です」と柿沼先生は言います。

園児募集からまちづくりへ

　元は幼稚園だった同園は、少子化のため、広域に園バスを回したり、幼稚園ながらお盆・正月以外は休まず11時間開所したりと、園児募集のために様々な取り組みを行いました。しかし、広域から子どもが集まってもそのための時間や労力、経費は余計にかかることや地域全体のパイを考えるとこの先も子どもが減ることなどが見えてきたため、視点をまちに移します。「子どもに安定して園に来てもらうには、まちに子どもがいないといけない」と考え、そこから、法人理念として

子どもと子育て中心のまちづくりが始まりました。その後、市町村合併で久喜市が誕生して待機児童が生まれたこともあり、幼稚園から認定こども園に移行。「合併がなく町のままだったら、今でも1つの小さい幼稚園として継続していたか、廃園していたかもしれません」。

多機能化は保育の延長線上に

　法人では、国等が進める利用者支援事業や地域子育て支援拠点事業などから、時にはふるさと納税の寄付から事業の費用を得ながら、「このまちだったら産んでもいいかな」と思えるまちづくりを目指しています。「法人の多機能化は、保育における『生命の保持と情緒の安定』の延長線上に存在します。私たちは保育事業者なので根幹は保育であり、保育をいちばんに考えています」と柿沼先生は言います。そして、「理事長として意識しているのは職員の幸せ。職員自身が幸せを感じて子どもや保護者と接することが、地域のみんなの幸せにつながると考えています」。

　将来、地域からやさしさを受けた子どもが大人になり、次世代の子どものために汗をかいたり、市外に出てもふるさと納税をするような、豊かな社会循環のあるまちを柿沼先生は思い描いています。

① 地域の親子に保育を届ける

「生命の保持と情緒の安定」という保育に真面目に取り組んでいくなかで、0〜2歳児の子どもと家族の居場所がないから子育て支援センターや公園を作ろうとか、そんな想いをちょっとずつ形にしています。子育て支援センターには保育者や先輩ママ職員がいて、子育ての不安や疑問などを相談できる場になっています。

※写真は子育て支援センター外観。

久喜市近隣に住む0〜2歳の親子が自由に過ごせる子育て支援センター「森のひろば」は、開放感があり、どこにいても子どもに目が届きやすくなっています。遊びのコーナー、図書館、子育ての悩みを専門の職員とじっくり話せる相談室があり、施設の年間延べ利用者は例年1万人を超えます。

子育て支援センターにある「森の図書館」では、絵本・児童書に加え、子育てや趣味の本、女性誌（ファッション雑誌等）も揃っています。図書館内には大きめの1人掛けソファがあり、保護者の膝の上で絵本を読み聞かせてもらうのが、子どもにとってすてきな時間です。

子育て支援センターにある「あそびの森」は、四季折々の自然を体いっぱいに感じられる公園です。元々の傾斜を活かした勾配のついた場所なので、遊びながら子どもの足の発達を促します。

② 地域で母親を産前からケアする

法人が運営する産前・産後ケアを提供する施設「にじいろのおうち（マタニティハウス、ベビールーム）」では、妊産婦から生後8か月までの子育てについての支援を行っています。出産や育児に関するイベントを毎週開催していて、妊娠中の過ごし方、出産に関する情報、沐浴の練習（写真上）、離乳食作り講座（写真下）、子育て支援センターの見学会など、助産師さんや先輩ママ職員と話しながら楽しい時間を過ごせるようにしています。

子育て支援センターに来られない保護者がいることに気付き、ホームスタート（家庭訪問型支援）を始めました。さらに、ホームスタートで深刻な子育て状況が見つかった時に自分たちに何ができるかを考え、産前・産後ケアをやるといった形で子育て支援事業に取り組んでいます。子どもの数は、久喜市全体で毎年100人くらい減っていますが、私たちのエリアでは増えていて、子どもを産み育てやすいまちに向かっていっているのかなと思うこともあります。

※写真は「妊婦さんカフェ」（奇数月1回実施）の様子。

Home-Start
くき＠こどもむら

研修を受けた地域の子育て経験者が、乳幼児がいる家庭に伺って子育てをお手伝いするホームスタートを始めています。ほかに子育て支援センター「森のひろば」では、毎週水曜日に助産師さんが来ていて、産後の悩みなど気軽に相談できるので、利用者にとって心強い存在になっています。母親のケアは子どものケアにつながるため、保育の一部だと考えています。

③ まちの子どもも支える

駄菓子屋むすび堂は、卒園しても子どもたちの成長を追っていける場所、子どもが集まれる場所があればと考えて作った駄菓子屋さんです。子どものセーフティネットの役割も果たしています。このような営利につながる事業は、株式会社にしています。学校法人として子どもたちの運営費で頂いたものは子どもたちに返すべきという想いがあって、保育とは分けて、それぞれの事業をうまく組み合わせています。

- こどもむら学童クラブ en-college
- en-cafe
- ビオトープ じんだんぼうのやま
- 駄菓子屋 むすび堂
- e・c・ランドリー
- こども食堂 フードパントリー

地域の小学生の居場所として2019年に、「こどもむら寺子屋ハウス"はぴチル"」を開設し、子どもが1人でも安心して利用できる場所にしています。さらに、小学生が基礎学力を身につける機会として、学習支援事業「宿題かふぇ」を始めています。

"こどもむら"の目指す姿 （イメージ図）

地域社会
（国・県・市を含む）

こどもむら			
子育て世帯訪問支援事業	児童育成支援拠点事業	自治会おやじの会	こどもむら寺子屋ハウス"はぴチル"

子育て関連施設・地域ボランティア等

企業主導型保育事業
こどもの塔保育園

地域の教育・保育施設
（保幼小連携、職業体験等）

こどもむら駅前保育園
さくらのはな

認定こども園こどもむら
栗橋さくら幼稚園

教員・保育士養成校

こどもむら保育園
さくらいろ

ホームスタート
くき@こどもむら

認定こども園こどもむら
さくらのもり

子育て支援センター
森のひろば
【家庭での子育て世帯】

にじいろのおうち
マタニティハウス

農業・販売所
こどもみらい農園

森の図書館
出張図書館

利用者支援事業
えんむすび

栗橋北彩高校
（保育実習等）

「子どもの誕生を喜び、子どもの成長を楽しめる社会」を目標に、
地域で暮らす子どもたちの健やかな育ちの保障と親の子育てを支える施設、社会の創設を目指す

④ 立地を活かして農業に携わる

以前からお世話になっている農家の方が病気をしたことがきっかけで、手伝いから始まり、その一部を引き継ぐことになりました。すると、同じように「農業を始めたのなら代わりにやって」という人や、「農繁期の軽作業なら手伝う」とか「農業の指導をする」という人が集まってきて、今まで顔見知り程度だった地域の方と深くつながるようになってきました。

2023年から農業に携わるようになって、お米と野菜を作っています。園のある栗橋地区は元々農村地域でしたが、高齢化等で働き手がいなくなったり、場所や機械、経験はあるが体力的に難しくなっていた農家の方がいたりしたので、手助けにいくことから始まりました。今年は4町歩ほどでしたが、将来は園児のランチやこども食堂等で使用する量はもちろん、どのような家庭が地域にあっても食が安心して提供できるようなかたちを目指していこうと考えています。

元々子どもたちは近隣の農地で稲刈りなどの農業体験をしていましたが、今後は、収穫した作物を活用して、園児なら販売等に携わる体験をするとか、当法人には学童とカフェがあるので、学童の子どもたちが採れた野菜などを利用して企画から運営までするレストランをやるのもおもしろいかなと思っています。

やってみよう！　はじめの一歩

例えば、こんなところからスタートしてみてはいかがでしょうか？
園の強みが活かせるように考えてみましょう。

まちに視点を移してみる
子育てにやさしいまちに貢献できることを考えてみる

産前ケアに目を向ける
産前から母親の困り事やケアに目を向けてみる

地域の特性を活かす
地域の特性を活かした保育や多機能化を考えてみる

大豆生田先生まとめ
子どもを真ん中にした文化的実践の共同体づくり

持続可能な社会づくりの中に園運営がある

　ポイントは3つあります。1つ目は、保育だけではなく持続可能な社会をつくることが法人のミッションの根幹にあることです。つまり、子どもを通した持続可能な社会づくりの中に園運営があり、単に園が多機能化するのではなく、子どもたちのために今、このまちに必要なことは何かという視点から事業をつくる発想が大事だということです。

　2つ目は、園において「まちづくり」とは何かという問いです。柿沼先生は「保育における『生命の保持と情緒の安定』の提供」と説明されました。私自身は、「文化的実践への参加としての学習」という価値を挙げたいと思います。これは、レイヴとウェンガーの概念で、文化的実践に様々な人々が参加するなかに学びがあ

る、という考え方です*。そのような豊かな営みが柿沼学園の取り組みにはあって、いわば「文化的実践の共同体づくり」と言えるまちづくりが、今回の事例から感じられました。

　3つ目は、成果の質を問うチャレンジです。子どもを真ん中にしたまちづくりの中で、子どもの育ちだけではなく、その地域の子どもの数にどう影響するのかを評価することは、少子化のスピードが加速する社会において、これから重要になってくるでしょう。

リスペクト型マネジメントの視点

　今後、保育の質と多機能化にかかわる議論が活発になると思います。その際、柿沼先生のお話にあったように、保育を根幹にしたうえで、多機能化や多職種との連携があるというマネジメントの感覚が重要になるでしょう。

＊ジーン・レイヴ＆エティエンヌ・ウェンガー著、佐伯胖訳『状況に埋め込まれた学習－正統的周辺参加－』産業図書、1993

ケース3

子どものもつ豊かさや可能性を伸ばし、企業や地域とつなぐ

社会福祉法人鐘の鳴る丘友の会
認定こども園 さくら （栃木県栃木市）

 園長　堀 昌浩先生

園の概要：1979年開園、「子どもたちの夢や願いを叶える保育」をテーマに、組織のあり方、保育者の研修・行事を見直し、保護者・地域の協力を得ながら子ども主体の保育を展開している。2016年、幼保連携型認定こども園に移行、1号認定15名、2・3号認定300名。

アプローチのポイント

どのように地域の中で持続可能な園づくり・まちづくりを進めているのか、ポイントを紹介します。

1 農家と子どもたちでプロジェクトを開始

子どもたちがイチゴの発送用の箱に絵を描き、地域の農作物の魅力を全国に向けて発信する。

2 子どものアイデアや可能性を企業に発信

一般企業の資源を保育に活かすとともに、子どもの力を発信する。

3 行政と連携して進める、こども誰でも通園制度

モデル事業に参加し、利用者の動向や運用の課題について行政と共有する。

4 卒園後の居場所・学童クラブを創設

卒園後も保護者が安心して働けるよう、園の隣に学童クラブを設置。

課題の発見と想い

だれもが主体となり、子どもの力を発信して、まちや企業と"give & give"の関係に

職員も主体に
なる園へ

認定こども園さくらが大切にしているのは、子どもはもちろん保育者も主体になれる園づくりです。園長就任以来、堀昌浩先生は職員との関係づくりに心を注いできました。

そのために意識したことは、まずは自分が知り得た情報は必ず職員とシェアし、一緒に考えることです。「こんなことを聞いたのだけれど、子どもたちの活動とうまくつなげられないかな」等、その場にいる職員に相談します。すると職員はアイデアを出すことはもちろん、当事者意識をもって取り組んでくれます。

もう1つは、職員の学びの場づくりです。園内研修を工夫してきましたが、自園の職員だけで研修を行うと、どうしても日常の人間関係や上下関係が入り込んでしまうと感じていました。そこで、他園の人も一緒に学ぶ場「Learning journey*」を設立しました。様々な理念や環境の園で働く人たちが机を並べることで、横並びの関係性が生まれ、職員の学びが深まるようになりました。

子どもの力を
社会に発信

堀先生はLearning journey設立をきっかけに、幼児教育・保育と直接関係のない企業の人と知り合う機会が増えました。人間関係が広がると、自身の発想の幅も広がり、「子どもの素晴らしさを発信したら、まちや企業とgive & giveの関係ができる」と気付きました。そして、園の活動や子どもたちの様子を発信すると様々な相談が来るようになりました。

ある玩具メーカーの人は園を見学して子どもたちの発想力や夢中になって遊ぶ姿に感銘を受け、社員研修の1つとして園見学を設定したと言います。またある企業からは、「子どもの発想を商品やサービスの開発に取り入れたい」と相談され、その会社のオンライン会議に子どもたちが参加して新商品に意見することがありました。農家の方と一緒に、地元のイチゴの魅力を発信する「ハッピーフルーツジャパンプロジェクト」も始まっています。

それぞれが
満足できる仕組みを

堀先生はよく「巻き込み率」という言葉を使います。それは自園だけが大きくなるとか、幼児教育・保育の関係者だけで考えるとかではなく、企業や地域の人を巻き込んでいき、それぞれが満足できる仕組みをつくることを目指してのことです。地域の人々や企業も含めた、「だれもが主体になる」取り組みなのです。

---

*保育環境等のプロジェクト型ワークショップを開催する団体

① 農家と子どもたちでプロジェクトを開始

 栃木と言えばイチゴ。毎年、ゴールデンウィーク前になると近隣のイチゴ農家さんからイチゴの収穫のお誘いがあります。収穫時、農家の方に、「表面にあるツブツブは種だよ。でもその種からイチゴはできないんだよ*」と聞いた子どもたち。本当かどうか確かめたくて、イチゴを分解して種をガーゼに並べて、一生懸命お世話をしたら、なんと30％の確率で発芽に成功！　農家の方も子どもたちの探究心を知って、喜んでくださいました。

*イチゴの栽培は親苗のランナー（茎）の新芽を根付かせて行われます。種を植えても、同じ甘さ・サイズのイチゴは育ちません。

イチゴの収穫体験を通して農家の方と親しくなり、小さなビニールハウスを1つ、「自由に使っていいよ」と貸してもらいました。イチゴに興味のある子どもが中心となり、苗植えから草取り、収穫作業までを行っています。イチゴの苗をもらってきて、園庭の隅にも植えました。園庭ではハウスのような甘いイチゴはできないけれど、毎年しっかり実をつけます。

「この箱に好きな絵を描いていいよ」と、農家の方がイチゴ発送用の箱を提供してくれました。子どもたちは自由にデザインを開始。子どもたちの絵を使った新しいパッケージを作り、地元のイチゴの魅力を発信する「ハッピーフルーツジャパンプロジェクト」が始まりました。同プロジェクトの収入の一部は、母子生活支援施設に寄付されます。

 「この箱にどんなイチゴを入れるの？」と子どもたちに聞かれ、農家の方に商品用の大粒のイチゴを試食させてもらいました。子どもたちは、その味を思い出しながらパッケージをデザインし、「おいしいよ」という言葉や、虹などの温かなモチーフを描いていました。（保育者）

② 子どものアイデアや可能性を企業に発信

ある玩具メーカーから「子どもたちの絵で当社の包装紙を作りたい」という話がありました。子どもたちに相談したら、ぜひやってみたい、と。企業の担当者が見学に来て、没頭して絵を描く子どもたちに「何を描いているの？」と聞いたら、「これでプレゼントを包むんだよ。幸せのおすそ分けをするの」と。子どもたちの言葉やアイデアを見て、「大人にはない発想力・想像力に驚きました」と話しておられました。このような取り組みが口コミで広がり、一般企業からの見学者が増えています。

子どもたちが折り紙で世界地図作りをしていました。海の真ん中の部分にはなぜか、白い発泡スチロールが点在しています。見学に来ていた企業の人が「それは何？」と聞いたら、「崩れた氷河！」と。地球温暖化を子どもたちが理解していて、SDGsにつながる視点をもっていることに驚いていました。

「子どもは未熟だから、大人が教えなきゃいけない」と思われがちですが、子どもと接している私たちは、子どもが大人にはない発想力・想像力をもっていることを知っています。子どもの素晴らしい力を社会に向けて発信していくのが私たちの役割だと感じました。（保育者）

③ 行政と連携して進める、こども誰でも通園制度

こども誰でも通園制度のモデル事業に参加するにあたり、まずはコンセプトを考えました。「子どもは子ども社会で育ちます。子ども社会をどうぞ体験してください」と打ち出したことで、共感する人が利用してくれているように思います。利用者専用の部屋を作るのではなく、過ごす場所は在園児たちと同じ部屋。同年代の子どもとのかかわりを重視しています。

受け入れをスタートして気付いたのは、こども誰でも通園制度や子育て支援センターのことを全く知らない人が少なくないこと。引っ越してきたばかりで自治会に入っていない人や、地域に知り合いのいない人は、行政の情報が回ってこないのです。いちばん助けを必要としている人たちにこそ知ってもらいたいと、SNSの発信に力を入れました。今、当園のこども誰でも通園制度の利用者の8割弱が「SNSを通して知った」という人たちです。「地域の人はみんな（当園のことを）知っている」なんて思い上がっていたのかもしれないと省みる機会になりました。

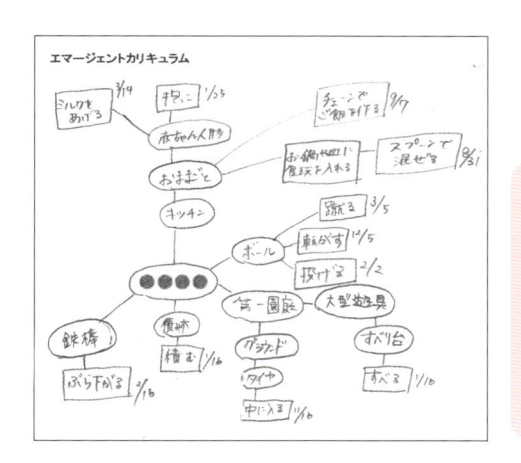

エマージェントカリキュラム

利用者の「指導計画・個別計画」の個人カリキュラム欄は在園児と同じく保育ウェブ形式で作成しています。前回利用時の用紙に紐づけて記入するので、作業量は少ないです。在園児の個人カリキュラムと一緒に作るようにしています。（保育者）

利用者（保護者）とグループディスカッションを定期的にやっています。初めて利用する人からは「1人で子育てを頑張らず、預けても大丈夫なんだ、って思えた」という声が、何度か利用した人からは「帰ってから、子どもがお友だちの話をしてくれた」「靴を自分で履こうとした」等の声がありました。利用を重ねるうちに、園が子どもの育ち合いの場であることを認識してくれているとうれしく思いました。保育者が利用者と話すなかで、産後うつではないかと思われる人がいて、専門機関につなぐこともありました。

モデル事業に参加して気付いたことや今後どのように連携していきたいかを市長や担当課の方々と話し合ってきました。利用者は同じ園にばかり子どもを預けるわけではありません。月10時間以内の枠で複数の園に預ける場合、アレルギーや既往歴、家庭環境、住所、緊急連絡先などの情報は園ごとの面接で聞かれることがないようにしたい等、より活用しやすい事業にするために考えることはいろいろあります。この制度が正式運用されれば、「未就園児」という言葉はなくなり、入園前の保育認定も必要なくなると考えています。

④ 卒園後の居場所・学童クラブを創設

保護者の「小学校に入ったら、仕事をどうしよう」という声を聞いて、1996年に園の隣に学童クラブ「さくら3Jホール」を開設しました。県内で初めての施設です。大切にしたのは、保護者が安心して預けられることと、子どもがいつ来ても大丈夫だと思える場にすること。例えば学校に行けない子を朝から受け入れることもあります。

最近は、学童の卒業生がボランティアスタッフとしてかかわってくれたり、大学進学後の夏休みに遊びに来てくれたりします。学童を通して地域とのつながり・地域への貢献を感じることは多いです。

「さくら3Jホール」には市内の小学校14校から、常時100人以上（登録者は約250名、内7割が認定こども園さくらの卒園児）の子どもたちがスクールバスで通ってきます。家庭があり、学校があり、そして学童クラブがある。学童は子どもたちにとって3番目の居場所です。子どもたちが行きたいと思える、そんな雰囲気づくりが重要だと考えています。（さくら3Jホール館長・堀謙二先生）

学童クラブでは、地域の団体と提携し、5つの課外活動プログラムを実施しています。種類は和太鼓や器楽、スイミング、サッカーなど。その中の1つ、学童創設時から続くプログラム「三童（みどう）太鼓」は、地域行事やコンテストにも積極的に参加し、学童を卒業した中高生も継続して活動しています。

写真撮影／渡辺悟

やってみよう！　はじめの一歩

例えば、こんなところからスタートしてみてはいかがでしょうか？
園の強みが活かせるように考えてみましょう。

**地域資源での
活動を考える**
保育に活かせるような資源が、地域にないだろうか

**保育者の
声を聴く**
現場の人は、何に不安や課題意識をもっているのだろう

**小学生の
放課後は？**
卒園後の子どもたちの生活を想像してみる

大豆生田先生まとめ

子どもをリスペクトし、その魅力を発信する

子どもの探究力は大人にも伝播する

　子どもを真ん中にして地域と新しいつながりをつくる際、何が重要となるのでしょうか。認定こども園さくらでは、プロジェクト型の保育を行い、「子どもを1人の人間としてリスペクトする」ことを大切にされています。プロジェクト型保育で発揮される子どもの探究力というのは、周りの大人にも伝播して共感を呼ぶもので、その発想力やエネルギーを活かして、地域の人とのかかわりはもちろん、東京や海外に本拠地をもつ一般企業ともプロジェクトを展開しています。このような取り組みは、子どもたちにとって、生まれ育った故郷への愛着や、自分の意見や作品で社会を変えることができるという社会貢献への実感になっていることでしょう。

リスペクト型マネジメントの視点

　これから、地域の企業等と園のコラボは大切な視点です。企業がもっている資源を子どもの学びに活かすことに加え、企業自体も子どもに実際にかかわることでメリットがあるのです。つまり、互恵性があることが大切です。さらに単なるイベントにせず、継続性、互いに名前を呼び合うような具体的な関係性が不可欠です。

　また、同園では地域の課題に応えて早い時期に学童保育を始めたり、こども誰でも通園制度に参加したりしています。新しい事業を始める際は、職員の声をしっかり聞いて、地域と園にとってのメリットを伝え、職員の負担も明確にしています。さらに、どうすれば地域のため、保育現場のためになるのかを行政と意見交換し、運用方法を共につくっています。新しい取り組みに向かう際は、このような姿勢こそが大事だと言えるでしょう。

4

まちが変われば 園も変わる キーワードは「つながり」

学校法人正和学園
幼保連携型認定こども園 **正和幼稚園**
（東京都町田市）

 理事長　齋藤祐善先生

 園長　大崎志保先生

園の概要：市郊外に大型団地が開発されたことに合わせて、1968年に開園。「いきいき」を基本理念とし、自然豊かな敷地で子ども中心の探究型保育を行う。定員は2歳児18名、3～5歳児各70名。駅前にある、法人内の6つの小規模保育施設の満3歳児も受け入れる。

アプローチのポイント

どのように地域の中で持続可能な園づくり・まちづくりを進めているのか、ポイントを紹介します。

1 駅前から 郊外の園へ通う 送迎ステーション を設置

人口が集中する駅周辺の市街地と、のどかな自然が広がる郊外をつなぐ、送迎保育を実施。

2 地域に住む 外国籍の人と かかわる場づくり

多文化共生を願い、日常の中で外国籍の人や海外の文化にふれる環境をつくる。

3 まちの資源を 使わせてもらう

園に絵本が足りない時は図書館から貸してもらう等、地域と依存し合える関係をつくる。

課題の発見と想い
地域の子育て課題を抽出し、まちぐるみの保育へと展開する

「つながり保育プロジェクト® 町田」

正和幼稚園があるのは、東京都町田市の郊外。1960年代末に開発された大型団地の中に位置していますが、現在は団地の少子高齢化が進み、人口は当時の6割程度、子どもはほとんどいない状況です。そこで、老朽化した園舎の建て替えと同時に、若い世代が多く住む町田駅周辺に0〜2歳児の小規模保育園を整備し、2つの施設を結ぶ送迎バスを運行して満3歳からは正和幼稚園に通園できるようにしました。

「待機児童が多くいる駅周辺」「近隣の子どもが減り保育枠が埋まらない郊外の園」という構図は、町田市全体の課題です。はじめは同法人の施設を結ぶだけだった送迎バスですが、自園だけではなく他法人も巻き込んだ、町田市全体の送迎ステーション事業「つながり保育プロジェクト® 町田」へ発展していきました。今は市内の複数の保育園、認定こども園が連携し、まちの未来や新しい保育のかたちについて話し合っています。

園を開き地域とつながる

正和幼稚園は、齋藤祐善先生の祖父母が始めた園。開園当時は、外部の人が立ち入らない安全な園が求められていました。それから50年以上が経った今、齋藤先生が目指すのは、園をいかに開放していくか、です。園がもつリソースをまちに提供し、まちのリソースを保育に活かしていく「まちぐるみの保育」です。

そのために、まちの会合やイベントは、子どもに直接関係ないものであっても積極的に顔を出します。タウンミーティングに出席し、「このスペースは子どもが歩くのに危ないですよ」などと提言することや、「自治会の子ども会に子どもが全く入ってくれないから、園からイベント参加を呼びかけてくれないか」と頼まれることもあります。

地域と依存し合う

「まちぐるみの保育」を始めてから、地域全体で子育てすることへの関心が高まり、複数の園が連携して園のリソース、例えば給食室や園庭を貸し借りする機会が増え始めました。齋藤先生は「園に絵本が足りなければ図書館から借りればいいし、園庭がなければ『地域の公園が全部園庭です』と発想を変えればいい。一方で園にすてきなものがあれば、それを地域に貸し出せばいいのです」と話します。園と園、園と地域が互いに依存し合うことで、園がまちの暮らしになくてはならないインフラになっていっています。

① 駅前から郊外の園へ通う 送迎ステーションを設置

3. つながり
送迎保育園・
もりの

送迎保育
つながり
バス

BUS

人口が集中している市街地には、大きな園を新しく建てるようなスペースがありません。そこで、駅前に0〜2歳児が入所する小規模保育園をつくり、3歳になったら郊外の大きな園に通えるよう、「送迎ステーション」事業を始めました。最初は1拠点7人からスタートしましたが、現在は6拠点165人の子どもを、他法人も含め、12園に送迎しています。町田市は駅から少し離れると自然が多くあります。送迎保育は、保護者の利便性向上のみならず、子どもたちの経験の幅も広げます。

町田市は都市型農業がさかんですが、農家の高齢化が進んでいます。農家さんが手が回らなくなった農地を手放すことがないよう、田んぼや畑を借りて子どもたちが農作物づくりにかかわっています。園には多くの子どもがいるから、協力できることはたくさんあります。園の食育にもつながるし、子どもたちの学びも豊かになり、さらに地域の農地の維持にもなるという、すべてにおいてプラスの活動となっています。

正和幼稚園では、2号認定児を中心に全体の3分の1の子どもが送迎システムを利用して町田駅周辺から登園しています。送迎ステーションができてからは、「近いから入園する」のではなく、「ここの保育が好きで、この園に入りたいから来た」という保護者の方も多く、以前よりも園の理念に共感してくれる方が増えました。また、多様な文化的背景の方が集まるようになり、子どもたちの関係性や保育にも広がりが生まれています。

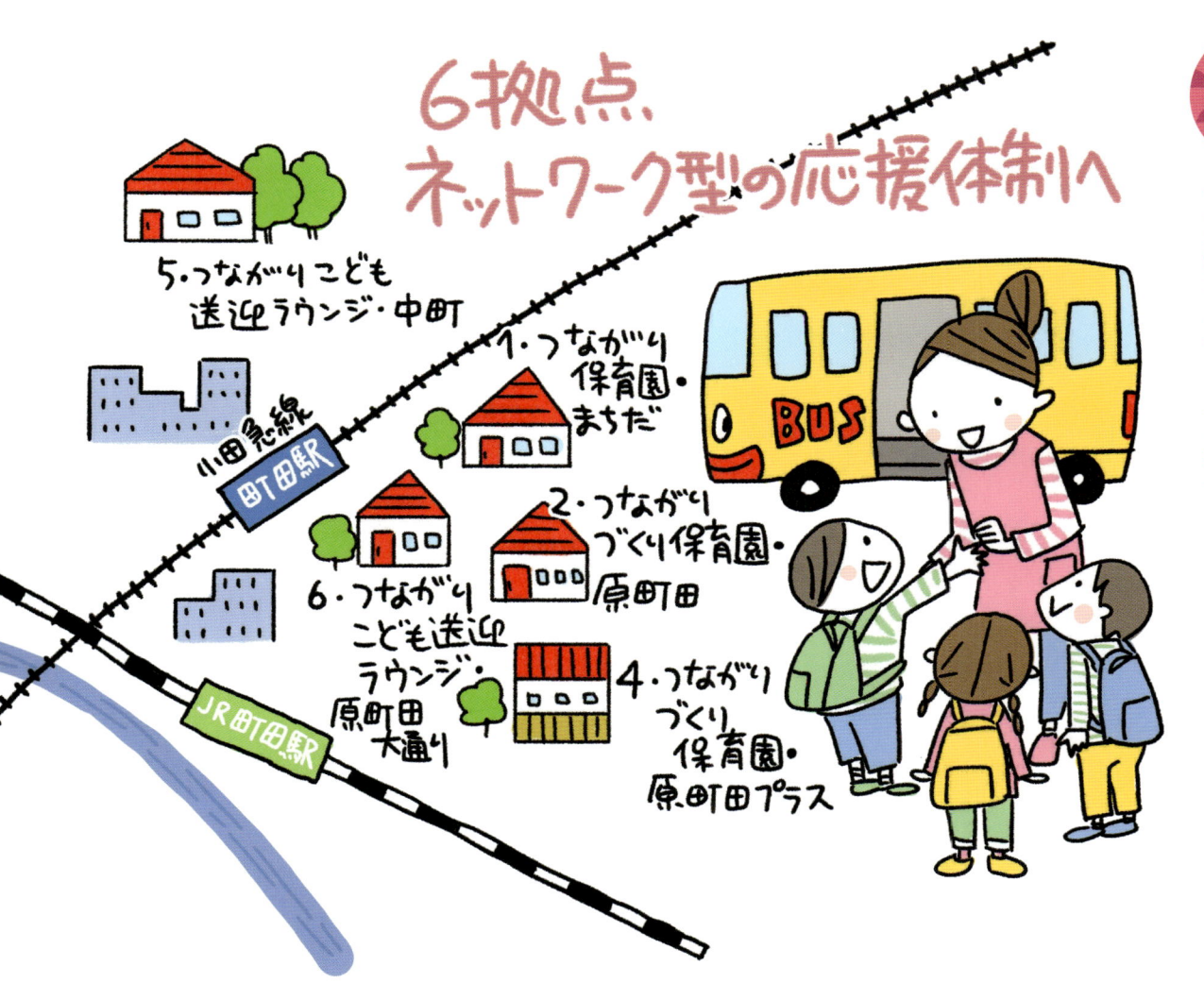

6拠点、ネットワーク型の応援体制へ

5.つながりこども送迎ラウンジ・中町

小田急線

町田駅

1.つながり保育園・まちだ

2.つながりづくり保育園・原町田

6.つながりこども送迎ラウンジ・原町田大通り

JR町田駅

4.つながりづくり保育園・原町田プラス

BUS

　町田駅近くにある「送迎ステーション」は、朝夕の送迎時間帯以外は空きスペースになります。そこで昼間、地域の子育て世代の方々に開放し、コミュニティの応援拠点「ゆったりラウンジ」として活用しています。また、地域のカフェにコーヒーを提供してもらい、「ゆるやカフェ」も始めました。コロナ期は、子育て家庭が孤立しないよう、だれもが参加できる子育てコミュニティ「おやこつながりくらぶ」も立ち上げ、オンラインとオフラインで集いの場を設けました。

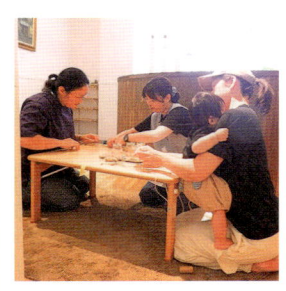

② 地域に住む外国籍の人とかかわる場づくり

当園は、在園児の家庭のうち16の家庭が、両親またはどちらかが海外にルーツのある方です。職員にも2名外国籍の人がいるほか、週に1度、大学で学ぶ留学生等が来園し、子どもたちとふれ合っています。

さらに、そのような方々の親族や知人で海外に在住している方と、週に1回、インターネットで交流を行っています。「〇〇君のおじいちゃんがイギリスにいるから」とweb会議ツールでつながり、子どもたちが映像を見ながら「何を食べているの」「そのイス、どこで買ったの」というようなやりとりをしています。その国について事前に調べすぎて国のイメージを固めてから挑むのではなく、日常をそのまま見せてもらいます。子どもたちは構えることなく、気になったことを自由に質問するような形です。また、給食にも、かかわりをもった様々な国（地域）の料理が出ます。

町田駅前にある子育て相談広場や園庭で、多文化カフェをやっています。広場に様々な国籍の人がゲストとして入り、コミュニケーションを取るほか、ウズベキスタンの人が現地料理を提供したり、日本の茶道体験の場を設けたり。「外国籍の人が来るスペシャルな場」というより、日常の子育ての延長で、わいわいと楽しみながらやっています。

③ まちの資源を使わせてもらう

園で多くの絵本を準備するのは、予算も置き場所の確保も難しいものです。そこで、市立図書館の司書さんに選んでもらい、毎月300冊の本を借りることにしました。園の入り口に貸し出しコーナーを作り、保護者への貸し出しも行っています。ボランティア団体が来て、読み聞かせを行うこともあります。

図書館に行かなくてもたくさんの絵本と出合えます。園で様々な絵本を借りられて、とても便利です。（保護者）

町田市を中心に広がる「きんじょの本棚®」プロジェクトに参加し、すべての園の入り口に「きんじょの本棚®」を設けました。近隣の人が自宅にある、だれかに読んでもらいたい本を置いていき、読みたい人が借りていく、というシステムです。園の軒先が本を通した交流の場となっています。駅前の大きなイベントに専用ブースを設け、地域の人に紹介をすることもあります。

やってみよう！ はじめの一歩

例えば、こんなところからスタートしてみてはいかがでしょうか？
園の強みが活かせるように考えてみましょう。

空きスペースの活用
園の空いたスペースを地域の人に開放する

まちの困り事って!?
地域の課題と、園が貢献できることを考える

外国籍の人、いませんか？
海外にルーツのある人との交流機会を創出

大豆生田先生まとめ

まちは学びの場！ 子どもを通してまちが育つ

園を開いてまちとつながる

少子化時代、園の存続を考える時に、「生き残り＝競争」という構図をイメージしがちですが、持続可能社会では、共に創っていく「共創」へのシフトが必要です。正和学園の園づくり・まちづくりは、まさに共創の具体例です。

一時期、安全に考慮して、園は外部に対して閉じるべきだと言われたものです。ところが齋藤先生は、「安全性はもちろん重要です。だからこそ、私は園を開きたいと思いました。子どもたちを地域の方々で見守ることが、安全につながると考えます」と話されます。園を開いてまちとつながれば、まちの人たちが子どもたちを見守ります。子どもたちがまちに出ていけば、まちが学びの場となり、さらにまちは子どもを通して育ちます。この関係性は非常に重要です。

リスペクト型マネジメントの視点

園のリーダーには、園内はもちろん地域を含めたマネジメントが求められるわけですが、そこで重要になるのは、まちと子どもをつなぐコーディネーターの存在です。齋藤先生は、「コーディネーターは多様であるべきで、行政が中心になるのではなく、自然発生的に生まれることが重要ではないか」と話します。正和学園では職員の中から「つながり保育プロジェクト®長」を選び、プロジェクト長は、まちのイベント等にどんどん顔を出すそうです。1つの法人や園でできることは限られますが、園を中心に地域の様々な人がコミットし、一緒に動いていくことが求められるのでしょう。

園があることでまちが活性化し、行政も巻き込まれていく──。保育の近未来が見えたようで、うれしいです。

第3章

様々なアプローチの具体例

保育をさらに豊かにするために、園を地域に開きたい、地域に出てつながりたい——。しかし、どこから始めたものかと思い悩むリーダーは少なくないかもしれません。第3章では、明日からの実践のヒントとなる多様なアプローチを取り上げます。「子どもはおもしろい！」の輪を地域にも広げていく「はじめの一歩」を踏み出すために、これらの実践事例が力をくれることでしょう。

取材・コメント　大豆生田啓友

10の具体例から、多機能化と地域共創の園づくりを考える

第3章では、多機能化と地域共創の園づくりを考えるためのヒントとして、多様な取り組み例をご紹介します。下表を参考に、気になった取り組みから読み、「アプローチのポイント」や各ケースの最後のページの「やってみよう！ はじめの一歩」を園での話し合いのテーマとしてご活用ください。

ケース	事例園	取り組み	アプローチのポイント
1	認定NPO法人 びーのびーの **ちいさなたね 保育園**	「まちが保育園」	① 身近にある山や畑など自然を活用する ② あいさつから始めて、まちの人とつながる
2	ナチュラルスマイルジャパン株式会社 **まちの保育園 小竹向原**	コミュニティコーディネーター	① 地域イベントや施設の企画にかかわる ② 卒園児や近隣小学校と交流を深める
3	学校法人みのる学園 **新大船幼稚園** 横浜市立 **本郷台小学校**	幼保小連携	① 小学生と交流し、刺激をもらう ② 園での経験を、小学校の学習につなぐ
4	社会福祉法人 **つばさ福祉会**	ネウボラ （家族支援、相談の場）	① 園を地域に開いて、園の専門性を活かす ② 地域の専門職や福祉施設などと連携する
5	社会福祉法人 仁慈保幼園 **世田谷代田 仁慈保幼園**	地域の文化を 学びに活かす	① アーティストを保育の場に招き入れる ② 保護者が自己発揮できる場をつくる
6	認定NPO法人 **フローレンス**	こども食堂／ こどもインターン	① こども食堂で地域の親子とつながる ② 夏休み期間中の小中学生の居場所となる
7	社会福祉法人 ベテスダ奉仕女母の家 **茂呂塾保育園**	お惣菜・パン・ コーヒー豆の販売	① 園の財産「食文化」を地域にも展開 ② 園も保護者も地域もみんながうれしい
8	学校法人渡辺学園 **港北幼稚園** 一般社団法人うるの木 **ゆわっこのおうち**	児童発達支援事業所	① 子どもは子ども社会の中で育てる ② 療育の職員も巻き込み、一緒に考える
9	社会福祉法人 はとの会 **鳩の森愛の詩 瀬谷保育園**	医療的ケア事業	① 看護師だけでなくみんなで命に向き合う ② 保護者の想いを丁寧に聴き取る
10	NPO法人 **地域の寄り合い所 また明日**	地域の寄り合い所	① 園を地域に開き、地域の人を活かす ② 地域の人とゆるやかにつながる

ケース **1**

「まちが保育園」に チャレンジ！

認定NPO法人びーのびーの
ちいさなたね保育園（神奈川県横浜市）

 園長　安江文子先生

園の概要：認定NPO法人びーのびーのが2015年に小規模保育事業として立ち上げ、2020年に横浜市認可保育所に移行。園は大型商業施設の裏にあり、園庭は狭いが近隣に山や畑がある地域に立地している。「まちが保育園」を保育方針に掲げ、子どもと共に、保護者と共に、まちと共に保育を行っている。定員60名。

アプローチのポイント

① 身近にある山や畑など自然を活用する
身近にある山や畑といった自然に注目して安全面を考慮しながら活用してみる。

② あいさつから始めて、まちの人とつながる
あいさつから始めて地域に顔見知りを増やし、まちの人とつながる。

課題の発見と想い
社会体験のはじめの一歩を保障する

園生活は社会体験の始まり

　ちいさなたね保育園は小規模保育事業として立ち上げられた園です。園庭は狭く、子どもたちの遊びを保障する環境としては十分とは言えませんでしたが、大型商業施設の裏という立地のため、当初は「安全面から園の中で1日過ごすことも考えました」と安江先生は言います。

　しかし、園生活は子どもにとって初めての社会体験。はじめの一歩が園内の生活だけでいいのだろうかと職員と話し合い、「それは良くない」という結論になり、園児をかご車に乗せて園外に出て、毎日散歩するようになりました。

地域と共に

　園の外に出る選択をした背景には、地域の中で子育てをする大切さを掲げる法人理念がありました。「"地域と共に"ということについては、職員みんなのミッションとして、園の立ち上げ当初から話し合っていました。これがいちばん大事」と安江先生は言います。

まちが保育園

　園の外に出る保育を1年ほどした後に振り返って、「園庭は狭いけど、いいことあったよね」「もう地域は全部うちの保育園だと思っちゃえばいいんじゃないか」と安江先生や職員たちは思うようになりました。

　今では、職員たちの間で「まちが保育園」という考え方が共有され、まちに出かけて人とつながり、まちの資源を活用する保育を行っています。

① 身近にある山や畑など自然を活用する

園は商業施設の裏にあるので都会という感じもしますが、まだ山があり、畑も多い所です。公園もたくさんあるのですが、そういう自然の中にどんどん入っていこうと職員と話しています。また、自園が恵まれているのは、散歩に行く午前中は、法人にお願いして職員配置を手厚くしてもらっているところです。

地域の介護施設が畑を持っています。散歩の時にお芋を掘っていて、「子どもたちにちょっと見させてください」と言ったところ、「掘っていくかい？」と話が進み、何年も秋にお芋掘りを無料でさせてもらうようになりました。（保育者）

園の近くにある山の上に原っぱとゲートボール場があり、階段を上って原っぱでよく遊んでいました。すると、ゲートボール場のおじいさんたちが、小さい子が上がってきたのかと驚いて声をかけてくれたことから、顔見知りになりました。やっぱり、子どもと一緒にいるから声をかけてもらえるし、子どもが外に出ていくから見守ってもらえると感じます。

2 あいさつから始めて、まちの人とつながる

新園なので地域にとっては新参者です。職員みんなで、あいさつだけは元気よくしました。私はあいさつにプラスして、「いい天気ですね」とか「今日はこっち行かれるんですか」のような会話をするようにして、どんどん地域に顔見知りができました。また、当初は、籐のかごのような避難車（写真）に子どもを乗せて毎日散歩していました。昭和の時代の高い乳母車みたいだったので、よくおばさんたちから、「なんか皇室の子どもたちみたい」「懐かしいわ」などと声をかけられて、そこから顔見知りになることもありました。

町内会の作業には、私（園長）だけでなく職員も率先して参加して、草取りをしたり花を植えたりしています。私たち大人がやったほうが早いのですが、「私たちスコップでちゃんとやりますから、子どもも一緒にやらせてもらっていいですか？」と言って、子どもと植えさせてもらっています。

「子どもたちが来てくれて癒やされる」と地域の介護施設の方から言われたり、園の子どもたちが遊ぶからと地域の方が公園をきれいにしてくれたりするようになりました。また、保護者は普段、地域から離れて都内などへ働きに出ている方が多いので、子どもが日中、まちの中で生活していることで、子どもが地域の顔になっています。だから、子どもを通して保護者も地域の人になっているところがあります。そうすると、「こどもまんなか」と言いつつ、子どもが地域に影響を与えて、地域の人も心地よく暮らせることにつながっているのかなと思います。

やってみよう！　はじめの一歩

例えば、こんなところからスタートしてみてはいかがでしょうか？
園の強みが活かせるように考えてみましょう。

まちが保育の場だと考える
園内になくて、地域にある保育の資源を探してみる

あいさつで地域とつながる
まずはあいさつで、近すぎず、遠すぎずの関係づくりを

散歩で畑など緑を見に行く
子どもの興味がきっかけで、保育で畑が使える可能性も

大豆生田先生まとめ
まちとのつながりが園の重要テーマに

子どもが真ん中の社会へ向けて、「まちが保育園」の勧め

2023年4月からこども家庭庁がスタートし、「こどもまんなか社会」が大きなテーマとなっています。子どもが真ん中の社会であれば、園は地域のど真ん中に位置づく重要な場所であるはずです。だとすれば、まち（地域）とどうつながるかが園のマネジメントの大きなテーマとなります。

ちいさなたね保育園は、まさに「まちが保育園」を実践してきた園です。それって、もしかするとこれからの園のマネジメントにおいて重要な鍵となるのではないでしょうか。

まちの中は、子どもの育ちや学びの資源にあふれている

子どもがまちに出ていくということで、まちから学ぶことがたくさんあるはずです。まずは多様なかかわりが得られます。子どもは多様な人の群れとのかかわりの中で育ちます。それから、まちにはたくさんの自然やモノ、施設など学びの資源にあふれています。それを保育に使わない手はありません。

リスペクト型マネジメントの視点

しかも、まちとのつながりは、まちの人たちが園の応援団となり包み込み合う関係となっていくことでもあります。園はもっと社会からリスペクトされるべきですが、同時に、まずは日々の保育の営みの中で、まちの人たちを子どもと一緒にリスペクトしながら、まちの人たちからも子どもと園がリスペクトされる関係性をつくれるといいですね。

ケース **2**

コミュニティコーディネーターが創る、地域との新しい可能性

ナチュラルスマイルジャパン株式会社
まちの保育園 小竹向原（東京都練馬区）

 共同代表・チーフコミュニティ
コーディネーター　根岸拓哉さん

 コミュニティコーディネーター
永井雅也さん

園の概要：ナチュラルスマイルジャパン株式会社が運営する私立認可保育園。2011年開園、定員80名。「一人ひとりの存在そのものを喜び、互いに育みあう、コミュニティを創造する」ことを理念とし、「つなぐ」ための専門職・コミュニティコーディネーター（CC）を置いて地域とのつながりを重視した園運営を行う。

アプローチのポイント

① **地域イベントや施設の企画にかかわる**
子どもも大人も自己発揮できる、互いに育み合う機会をつくる。

② **卒園児や近隣小学校と交流を深める**
小学校や卒園児とつながり、子どもの成長を見守り続ける。

課題の発見と想い
コミュニティコーディネーターが園内外をつなぐ

まずは職員との信頼関係を

開園時から地域との関係性を意識し、地域の資源を保育に取り入れてきたまちの保育園 小竹向原には、現在2名のコミュニティコーディネーター*（以下、CC）がいます。園内外のコミュニティをつなぐ専門職ですが、新任のCCがまず目指すのは、園内の職員に信頼されること。例えば棚が壊れたら直す、パソコンの使い方がわからなければ相談に乗る等、職員の困り事解消から始め、関係性を構築します。そうすると徐々に保育の困り事、子どもの関心を広げるための相談を通して、外部とつながるきっかけになっていきます。

保育者と役割分担をする

保育者はリクエストする人、その実現に向けて調整をするのがCCの役割です。子どもたちが魚に興味があると相談されたら、魚に詳しい地域の人を探し、活動を考えます。CCが保育者の専門外の仕事をすべて吸収することで、保育者は保育に全力投球できるようになります。

地域のニーズを聞き、積極的に参加

地域との関係性はお願いするばかりでは生まれません。地域に園が貢献できることがないか探るなかで始まったのが、小竹町のお祭りへの参加です。人手が必要な時は職員に声をかけて参加者を募ります。園が積極的に地域にかかわることで、力を借りたい時に助けてもらえる関係性ができています。

*園の子どもたちの興味・関心と地域の文化（住んでいる人や施設）をつなぎ、コーディネートする人

地域の町会・小竹町会に入って、毎年、子どもたちのお祭り「こたけあそび」を有志の方々と企画・運営しています。参加者は、町内の人だったり、この地域に住んでいないけどお祭りに興味がある人だったり、近隣の大学の学生だったり、就労支援施設に通っている若者だったり。懐かしい遊びのコーナーやまちを知るコーナー、飲食コーナーなど、子どもと大人がアイデアを出し合い、手作り感あふれる遊びの場をつくっています（写真は乳児向けコーナーとチョークで描くコーナー）。お祭りには園児はもちろん、卒園児も遊びに来ます。

「なんだかおもしろいことをやっている大人」が地域にはたくさんいます。子どもたちがそういう人たちとかかわり、地域の一員でいられることが大事かと思います。

認可保育園なので園の方針を知らずに入園する保護者も多くいますが、在園中に理解が深まり、卒園時には約8割の方々が地域とつながるメリットを感じるようになります。園の運営委員になることで園のことがより深く理解できるようになった、という方もいます。

近隣の介護支援施設から、施設内のカフェで何かしませんかとお話があり、子どもたちが撮った写真や絵を飾らせてもらいました。展示は、施設の方々に喜んでもらえたようです。写真や絵を通して園内の環境や保育の様子を知ってもらうこともできました。その後、施設に移動動物園が来る時に招待してもらいました。保護者の方々も、「子どもたちはこの施設に遊びに行ったのね」と地域に関心をもつきっかけになりました。

② 卒園児や近隣小学校と交流を深める

　近隣の小学校の行事はだいたい把握していて、散歩の途中で立ち寄らせてもらうことがありますし、行事がある時に「お邪魔していいですか」と電話して出かけることもあります。小学2年生の工作展「おもちゃパーティー」には4・5歳児が遊びに行き、小学生の作品を見て、多くの刺激をもらってきました。

　また、年長児は毎年冬に副校長先生に小学校を案内してもらいます。子どもたちは小学校がどんな所か知る機会になり、小学校の先生方は「こういう子たちが入学してくるのね」と知ることができ、互いの安心感につながっているように思います。

　6月、卒園児向けイベント「なつかし給食会」をしました。前年度の卒園児16人中15人が参加してくれて、保護者の方々も通っている小学校の情報交換などをしながら和んでいました。卒園生との関係は大事にしています。

　夏休み、卒園児に「保育ボランティアをしませんか」と声をかけて、小学生や中学生になった子どもたちが園にボランティアとして来てくれました。平日の受け入れも始めました。

　小学生や中学生になった卒園児たちが夏休みに園に来てくれて、学校生活の話をたくさんしてくれました。大きくなった子どもたちとの再会は、何よりうれしいです。（保育者）

やってみよう！　はじめの一歩

例えば、こんなところからスタートしてみてはいかがでしょうか？
園の強みが活かせるように考えてみましょう。

**職員の苦手を
フォロー**

同僚の苦手をサポートする役職をつくろう

**地域のニーズ
を聴く**

地域に積極的にかかわり、貢献できることがないか探る

**子どもの関心
事をつなげる**

子どもの関心事を基点に地域との接点はできないだろうか？

職員同士や地域・保護者間をつなぐ

地域とつながると豊かな学びが起きる

これまで園はともすると地域に対して閉じがちでした。これからの園は外に開いていくことが必要で、すでに地域とつながり始めた園では、豊かな学びが起きてきています。

まちの保育園 小竹向原はまさにその代表格で、開園時から外とのつながりを重視し、コミュニティコーディネーター（CC）というつながりの専任者を園に置いています。CCである根岸さんは、園のつながりを4つに分けて説明されました（表）。

表　園で対象とするコミュニティ

内から内	内から外
・園内（社内同士）	・園→保護者（利用者） ・園→地域
外から内	**外から外**
・保護者→園 ・地域→園	・保護者（利用者）同士 ・地域同士

園が地域を意識し始める時、まず「内から外」というかかわりを考えることが多いですが、実は「内から内」で園内のコミュニティを整え、最終的には「外から外」の視点をもつことが重要になります。園がまちの拠点となって地域の様々な人をつなぐことで、子どもだけではなく地域にもメリットが生まれます。こども家庭庁が目指す「こどもまんなか社会」ですね。

リスペクト型マネジメントの視点

今、園の多機能化に伴い、保育者に求められることも増えています。そのような時に園内外のコミュニティとのつながりをすべて任せられるCCがいれば、保育者は保育に集中できます。CCが保育者の専門性を保障し、強みが活かされる環境をつくってくれるのです。

ケース3 園と小学校の職員が交流し、同じ「観」をもつ

学校法人みのる学園 新大船幼稚園（神奈川県横浜市）

 指導教諭　澤井陽平先生

園の概要：定員175名。入園前の未就園クラス（満１歳〜３歳）や預かり保育も実施。徒歩15分程度のところに横浜市立本郷台小学校があり、10年以上前から交流が続く。

横浜市立 本郷台小学校（神奈川県横浜市）

 校長　原南実子先生

学校の概要：神奈川県横浜市栄区の市立小学校、児童数420名。１年生は２クラス70名で、新大船幼稚園を含め25園程度から入学してくる。

アプローチのポイント

①小学生と交流し、刺激をもらう
園児が小学生の授業や活動に参加し、憧れや刺激で遊びに変化が生まれる。

②園での経験を、小学校の学習につなぐ
子どもが主体性を発揮して学習に取り組めるよう、幼児期の経験を活かす。

課題の発見と想い
様々な合同研修を行い子ども理解を深める

接続期カリキュラムの実践研究を実施

　新大船幼稚園と横浜市立本郷台小学校のある本郷台地区は、横浜市の接続期カリキュラム研究推進地区の１つで、３年間実践研究を行ってきました。

　研究では、「一人ひとりの"やりたい"がかなえられる保育と授業づくり」を軸に、園と小学校の職員が同じ「観*」をもつことを大切にし、入学前研修やスタートカリキュラム公開授業研究等を聞き、ドキュメンテーションや写真を活用しながら学んできました。さらに区内の園長会や校長会等でも取り組みを発信しています。

担当者が代わっても交流が継続できるように

　同園と同小学校は実践研究が始まるずっと以前から交流を続けていました。同小学校の前々代校長先生が「子どもは体験を通して育つもの。地域ともっと交流できないか」と考え、新大船幼稚園に声をかけたことが始まりです。学校と園の職員が校長室でお茶を飲みながら、こんなことができないかと話し合ってきました。

　現校長の原南実子先生は、「小学校は人事異動が必ずあります。担当者が代わっても継続できるよう、活動記録を可視化して引き継いでいます。でも継続のいちばんの要は、園と小学校の先生が『今年もよろしく』と行ったり来たりしていること。フラットな関係で楽しんでいます」と話します。

---

*子ども観、授業観、保育観、教育観

① 小学生と交流し、刺激をもらう

本郷台小学校の5年生が、総合学習で「地域の人が楽しめる"ゆるスポーツ"を作る」の活動をしていた際、園の子どもたちのためのスポーツを考えたいと、話を聞きに来ました。その時、入学に向けて困り事はありませんかと聞かれ、「通学路で迷子にならないか心配」という5歳児の声を伝えたら、「ランドセルを背負って巨大迷路に挑戦する」スポーツを考えて体験させてくれました。子どもたちはとてもおもしろかったようで、その後は園でも段ボール迷路遊びが流行りました。小学生の姿が、刺激になったり憧れになったりしています。

総合学習でシャボン玉液を材料に活動した3年生が「一緒にシャボン玉をしませんか」と近隣の園に連絡して、園児さんがいつも散歩に行く公園で待ち合わせをしました。その日、公園にはほかの園の子たちも大勢いたのですが、その子たちも興味を示したので「一緒にやる?」と声をかけてみんなでシャボン玉遊びをしたそうです。3年生の担任も児童たちも、地域全体での自然な交流、育ち合いが意識できているなと感じました。

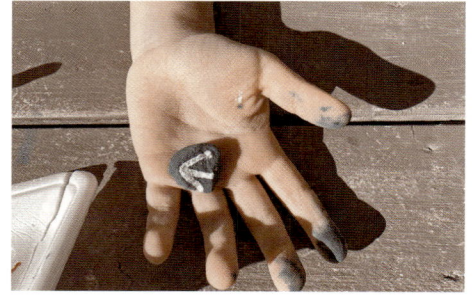

卒園生が総合学習で作ったストーンアート（石に絵を描いたもの）とお手紙を持ってきてくれたので掲示していました。子どもたちは石の作品に興味を示し、自分たちも石を集めて様々な絵を描いていました。

② 園での経験を、小学校の学習につなぐ

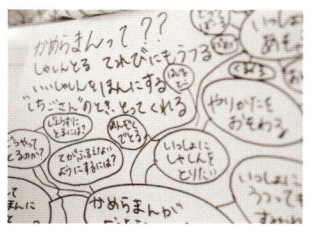
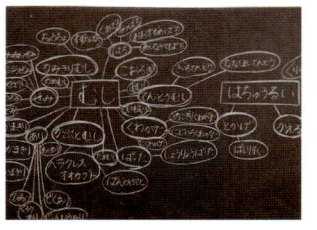

本園ではサークルタイムで子どもたちの意見やアイデアを聞いて、それを可視化するウェビングマップ（遊びマップ）を作っています。掲示しておくと子どもたちが見て、イメージが広がったり、遊びのきっかけになったりします。そのことを研修の時に小学校の先生に話すと、1年生の担任の先生が授業にウェビングマップを取り入れてくださいました。授業を見学すると、ウェビングマップに慣れた卒園児たちが、積極的に意見を言っていました。大人が同じような環境をつくることが、幼保小接続には重要だと感じました。

園見学の際、子どもたちが文字を一生懸命書いて看板を作っているのを見た1年生の担任。入学後の学校探検の授業では、子どもたちの「書きたい」「おうちの人にも伝えたい」という気持ちを汲み取り、学習前ではありますが、「書いてみようか」と文字にもチャレンジしました。この活動が国語の平仮名の学習に自然につながり、保護者にも「こんなふうに（園での遊びと小学校の）学びがつながる」と知ってもらうことができました。

園を見学した時、友だちと一緒に遊ぼうとしない子どもに対して「仲間に入らないというのも1つの選択です」と園の先生が話されたことが印象的でした。小学校は集団での活動を重視するところがあるので、大きな気づきをいただきました。（1年生担任）

やってみよう！　はじめの一歩

例えば、こんなところからスタートしてみてはいかがでしょうか？
園の強みが活かせるように考えてみましょう。

小学校の公開授業に行く

公開授業を見学し、園の活動とつながるポイントを考える

園の公開保育に招待しよう

公開保育等に小学校の先生を招待し、活動を見てもらう

小学校の先生と話してみよう

小学校とのパイプができたら、子どもについて話す場をつくる

大豆生田先生まとめ
保育者と教師がつながれば子どももつながる

**小学校と日常的に行き来する
関係性が重要**

　園にとって遠い存在に感じることもある小学校ですが、新大船幼稚園と横浜市立本郷台小学校は気軽に行き来できる関係を築いておられます。これからの幼保小接続を考える時、互いの良さを語り合えることがまず必要です。

　その時に大事なのが、保育者や小学校教諭など、大人同士がつながることです。そして、要領・指針や小学校の学習指導要領、あるいはこども基本法をベースにした「子ども観」を共有することです。大人同士がつながれば、子ども同士も様々な機会でつながることができます。小学校側から「これを園児と共有したらおもしろいね」ということが出てくるし、園からも一緒に取り組みたい活動が出て

くるでしょう。日常的な交流は、大人はもちろんのこと、子どもの育ちや学びにつながっていきます。これは、学童施設を運営する園でも言えることですね。園児は小学生の生活や遊びを見ることで、様々なことを吸収していきます。

　今回は記録の話も出てきました。写真を多用したドキュメンテーション型の記録を作って研修で活用したことが、互いの理解を促進することにつながったと。これも注目すべき点です。

リスペクト型マネジメントの視点

　園を見学した小学校教諭が、「子どもってすごいんです」と話していたそうですが、子ども観を共有できたからこその会話だと思いますし、保育や授業を大人たちが気軽に見合うからこそ、子ども観が育つのだと思いました。

ケース **4**

園のポテンシャルを地域で活かす

社会福祉法人
つばさ福祉会（宮崎県西都市）

常務理事　渡部史朗先生

園の概要：1931年に設立した宮崎県西都市初の乳幼児施設「コドモノ家」からスタートし、1984年に社会福祉法人つばさ福祉会を設立。運営する8つの保育所・認定こども園では、原則的に全クラスに複数担任制を採用。子どもへの愛情をベースに一人ひとりの発達段階を把握し、子ども主体の保育を実践。

アプローチのポイント

1 **園を地域に開いて、園の専門性を活かす**
園を地域に開いて、育児と育児支援のリアルモデルを提供。

2 **地域の専門職や福祉施設などと連携する**
地域の助産師や福祉施設などと連携し、地域の育児期家族を支援。

課題の発見と想い
地域のことを考え園が地域のつなぎ役に

地域の高齢化に問題意識

　法人の保育園が創業から93年経ち、卒園児が保護者となって子どもが入園し、その保護者が高齢者になり、孫やひ孫を連れて来るようになりました。園の長い歴史を体感し、「ただ、子どもだけを預かっていればいいのか？」という問いから地域を考えるようになりました。

園が保護者と地域のつなぎ役に

　一方、2011年に東京都大田区に保育園を新設しました。その時、保護者は地域の人とのつながりがなく、園が保護者にとっての地域であり、まちであることが見えてきました。そこで、保育園が地域のつなぎ役になることを考えました。

　そのような時に、日本版ネウボラのモデル事業を手がけた榊原久子氏（現・鎌倉女子大学准教授）と出会い、法人として地域に開いていく保育園づくりを本気でやるのであればということで合意。法人の理事に就任してもらい、「保育園版ネウボラ事業」をスタートしました。

保育園で「ネウボラ」を

　「ネウボラ」とはフィンランド語で「アドバイス、相談の場」という意味です。すべての家庭と子どもが妊娠期から就学前まで切れ目ない支援を受けられるフィンランドの制度です。「保育園版ネウボラ事業」では、園を地域に開き、保育士・看護師・栄養士の専門性を活かし、育児仲間づくりの支援、育児知識・技術の提供・伝承、相談支援など、妊娠期から切れ目ない家族支援を行っています。

① 園を地域に開いて、園の専門性を活かす

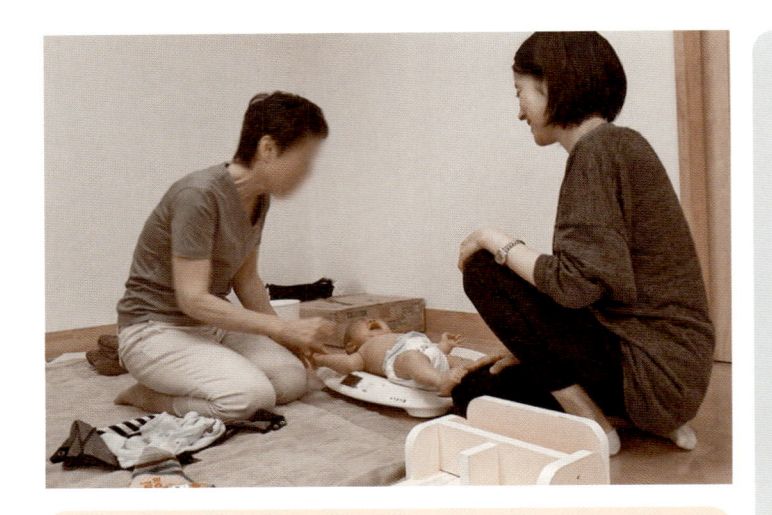

 「まちの赤ちゃん保健室」は、主に保育園看護師が中心となり、事業をコーディネートしています。小児看護・母子保健など医療・保健の視点から支援を行い、相談内容によっては、関係機関につなぐことに留意しています。新型コロナウイルス感染症拡大以前は、高齢者等多世代を対象とした「みんなの保健室」として、地域包括支援センターや特別養護老人ホーム等でも実施していました。

 来られた方と接するなかで、驚くほどに私たちの話を聞いてくれ、頼りにしてくれるという実感がありました。園で行っていることで、ネウボラ事業に取り組んでいけることがわかりました。（看護師）

「赤ちゃん食堂」は主に保育園栄養士が中心となり事業をコーディネートしています。初めての離乳食は、開始と段階移行のタイミング、食事介助の方法、食材の量・形状・味付けなど戸惑うことがたくさんあります。調理や食事介助の方法等の技術を提供するのはもちろんのこと、試食の場を設けて、保護者と一緒にお子さんの咀嚼嚥下（そしゃくえんげ）を観察しながら助言を行うこともあります。

「おやこ保育園」は、親子で保育参加する事業です。インターネット等からの育児情報の入手は容易になったものの、「あやす、遊ぶ、世話をする」等の育児技術を学ぶ場と機会は激減しています。おやこ保育園では、言葉のかけ方、抱く、あやすなどの子どもとのかかわり、這う、つかまり立つなど発達段階に応じた環境の工夫等、子どもを中心とした生活の実際を「見て、まねて、体験」できる場になるよう留意しています。

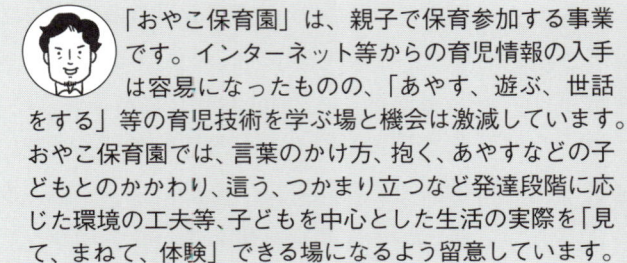

② 地域の専門職や福祉施設などと連携する

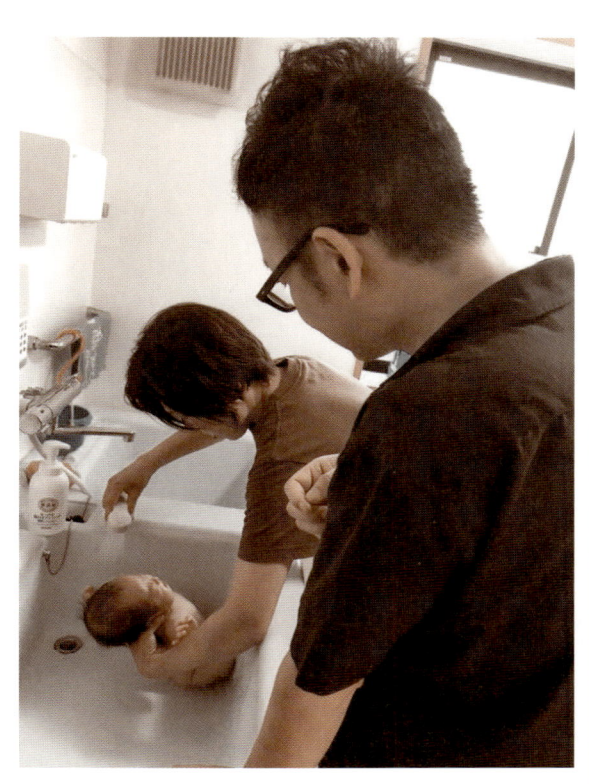

「産前両親学級」は、地域の開業助産師と協働して実施している事業*です。妊娠中に園見学に来られる保護者や、開業助産師を通して地域の方にお声がけをしています。妊娠中には想定しにくい産後の生活や育児の実際にふれられる機会として、母乳育児支援と併せて行っています。

*つばさ福祉会では、助産師資格をもつ保育園看護師を非常勤職員として採用

東京都豊島区にある保育園では、隣に特別養護老人ホームとケアハウスがあるため、そのホールを借りて、生活文化の伝承がない家庭に対して、そこで高齢者とつながる機会を設けました。 また、東京都大田区にて地域包括支援センターと協働していた事業では、高齢者から昔の子育ての話を聞いたり、時々、家庭では最近なかなかやらない、煮付け料理の調理教室も開催しました。

大豆生田先生まとめ

保育の専門性が活きる地域の子育て支援

事業の原点はまちづくりの意識

つばさ福祉会による「保育園版ネウボラ事業」は、母子保健に特化しているように見えます。しかし、渡部先生の元々の問題意識はまちづくりにあり、同事業の本質は、まちづくりの裾野に広がる地域子育て支援の取り組みであると言えます。今、「切れ目のない支援」ということが国で盛んに言われていますが、どう切れ目なくやっていくかという時に、園がその拠点になる同事業のあり方は大きな切り口になるでしょう。

リスペクト型マネジメントの視点

今回の事例では、保育者や看護師、栄養士がもっている専門性、保育園のポテンシャルをまちの中で活かし得ることがわかりました。保育の専門性と地域子育て支援の専門性とは、本来相関がありま

す。一期一会の状況での地域の子どもや保護者へのかかわりは、スキルが高い保育者だからこそできることです。

園が地域の子育て支援にかかわることは、園で保育することとは異なるものに見えるかもしれません。しかし、「目の前の○○ちゃんをどうするか」という保育の原点においては、自園の子どもたちと保護者の支援と、同じ地域に暮らす親子の支援は密接につながっています。そのつながりをリーダーが意識することが、今後の大きなテーマになるでしょう。

つまり、園にいる子どもたちや保護者だけのためではなく、地域の子育てにかかわり、まちづくりをしていくというミッションの下、職員の専門性や主体性を活かせるよう職場をマネジメントしていくことが園の大事な視点になります。

ケース **5**

地域の文化や大人の得意を子どもの学びに活かす

社会福祉法人仁慈保幼園
世田谷代田仁慈保幼園（東京都世田谷区）

 理事長　妹尾正教先生

園の概要：2020年、小田急小田原線の線路が地下化したことで生まれた開発エリア「下北線路街」に、「地域とつながる保育施設＆コミュニティの場」として開園。園内にコミュニティスペースやギャラリーを併設し、地域のアーティストの活動や地域文化との交流を目指す。社会福祉法人仁慈保幼園の4つ目の施設。

アプローチのポイント

1 アーティストを保育の場に招き入れる

アーティストの創作活動が、子どもたちの遊びの世界を豊かにする。

2 保護者が自己発揮できる場をつくる

保護者同士の穏やかなつながりが子どもたちの様々な体験の場になる。

課題の発見と想い

地域の力を借りて、大人も子どもも楽しめる場を

子どもの学びを軸にした地域との交流

　地域とのつながりの重要性は昔から言われていますが、地域のお祭りで歌や踊りを披露するなどのお決まりの交流に、妹尾先生は疑問をもっていました。大事なことは、子どもの学びを軸にして、地域の人的資源や文化を保育に取り入れること。仁慈保幼園では、そのような交流を目指し、実践してきました。

　2020年開園の世田谷代田仁慈保幼園の近くにあるのは、音楽や演劇等のアーティストが集う街・下北沢です。同園はコミュニティスペースやギャラリーを併設することで、園の中に地域の文化や表現者たちのエネルギーを取り入れていきたいと考えたのです。

子どもの学びを豊かにするために

　新園かどうかにかかわらず、どの地域であっても保育に活かせる文化はあります。妹尾先生が職員に改めて問いかけたのは、「子どもの学びってなんだろう」ということでした。豊かな体験を通して子どもたちの世界が広がっていけるよう、地域の資源を保育に取り入れていきたい、と。

　職員は、地域のことを知り、様々な経験を重ねながら、それを保育にどう活かすかについて日々考えていると言います。「地域の方にも保護者の方にも自己発揮してもらいたい」。妹尾先生は、様々な人の力を借りながら、大人も子どもも楽しめる表現の場というものを一緒に考えていきたいと語ります。

❶ アーティストを保育の場に招き入れる

地元の劇団の方から「活動場所を探している。園を練習・発表の場にできませんか」と相談があり、1か月間コミュニティスペースを貸し出すかわりに「園児向けワークショップの実施」を提案しました。毎日夕方になると練習を始める劇団員たちに対して、「何をしているの?」と子どもたちは興味津々で見守っています。劇団が準備してくれたワークショップは「"あ"を探す」というものです。驚いた時の"あ"、頭が痛い時の"あ"、落ちているものを指さしての"あ"、と、子どもたちと"あ"の瞬間を探し、表情や動きなどで様々な表現をして楽しみました。

舞台公演には園児と保護者も招いていただきました。そこで、たまたま保護者の中に照明関係の仕事をする方がいたこともあり、公演当日の照明の演出を保護者と子どもたちが手伝うことになりました。園のアトリエでは、お迎えの後の時間に提灯作りをする親子の姿が見られました。この活動をきっかけに子どもたちは光に興味をもち、積み木で作った東京タワーをライトアップするなど、遊びの中に光を取り入れていました。

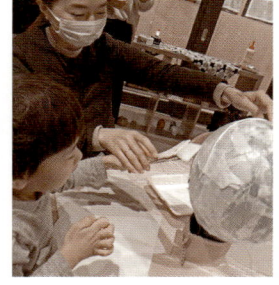

壁画を描くアーティストの方に依頼し、園の壁全面に大きな絵を描いてもらいました。子どもたちは創作活動を見守り、時には参加して一緒に描いていました。完成したのは、森をイメージした作品です。その部屋で子どもたちは、森の中にいる気分で踊ったり、かくれんぼをしたりしていました。様々な方が子どもたちにかかわることで、子どもの表現の世界が豊かになっています。

② 保護者が自己発揮できる場をつくる

当園ではPTA等の保護者組織をつくっていません。保護者にアンケートを取り、趣味や特技、やってみたいことを聞いて、参加自由の様々なサークルを立ち上げました。音楽活動をするサークルでは、保護者や職員がサックスやトロンボーンなどの自前の楽器を持ち寄って、子どもたちに音の体験の場をつくってくれました。保護者バンドが園でライブをしたこともあります。サークル活動は保護者が自己発揮する場であり、子どもたちに様々な刺激を与えてくれる場になっています。また、保護者が近隣に住むバイオリン奏者の方を紹介してくださって、「楽しい・明るいなどの気持ちをバイオリンの音と結びつけてみよう」というバイオリンの音の体験をしたこともあります。

コーヒー豆の焙煎が趣味だというお父さんがいて、その方の発案で焙煎体験会をすることになりました。チラシを配ると、夕方のお迎えの時間に多くの保護者の方が集まりました。またイタリアンの飲食店を経営する保護者の提案で子どもたちがニョッキ作りを体験し、イタリア料理にふれました。保護者自身が特技を活かして、そこにまた別の保護者が集まってと、自然発生的にグループができています。強制ではないゆるやかな保護者同士のつながりがいいなと思っています。0・1歳児の保護者の方は、まだ時間に余裕がなく参加が難しいこともありますが、子どもの成長とともに参加してくださる方も増えます。

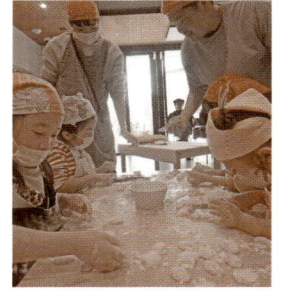

大豆生田先生まとめ
どんな地域でも、保育に活かせる文化がある

**アートを中心にして
園がまちづくりの拠点になる**

　園がアーティストにとっての創造の場となり、子どもや保護者が豊かな文化実践に参加する機会となり、そのコミュニティの中心になる。園がまちづくりの拠点になっていく時に、アートは重要な視点の1つになりますね。ソーシャリー・エンゲイジド・アート＊という考え方がありますが、その可能性を世田谷代田仁慈保幼園が示してくれたように思います。また、同園の取り組みは、まちづくりであると同時に、子どもと大人が自己発揮するという、ウェルビーイングにもつながっていますね。

　演劇や音楽というのは、下北沢ならではの文化ですから、どこの地域でも同じ取り組みができるわけではないでしょう。

しかし妹尾先生は、「どんな地域でもその土地ならではの伝統や文化はあると思う。海があれば海を資源にすればいいし、自分たちが何を見つけて、子どもの学びにつなげようとするかが大事だ」と話します。自分の地域に何があるか、それをどう活かせるかが、これからの保育に求められることなのかもしれません。

リスペクト型マネジメントの視点

　同園で地域との活動をコーディネートしているのは、「地域担当」である主任と副主任です。2人は、フリーの立場で保育に入ることも多く、子どもたちが今何に興味を示し、どんな活動をしているかを把握しています。つまり、子どもたちの興味・関心を理解しながら、地域のニーズも掘り起こし、結び付けることができるのです。

ケース **6**

社会課題解決のために園が多機能化する

認定NPO法人
フローレンス（東京都千代田区）

会長　**駒崎弘樹さん**

法人の概要：2004年病児保育問題解消のために認定NPO法人フローレンス設立、翌年より自宅訪問型の病児保育を開始。2010年から待機児童問題解決のために都心の空き物件を活用した0〜2歳児の小規模保育園「おうち保育園」を開設。その他、障害児・家庭支援問題、孤育て（孤独な子育て）問題、様々な社会課題解決のための活動を行う。

**アプローチの
ポイント**

① **こども食堂で
地域の親子と
つながる**

調理施設や保育環境、保育者の専門性を活かして、地域の親子との接点を設ける。

② **夏休み期間中の
小中学生の
居場所となる**

保育者の仕事を体験する「フローレンスのこどもインターン」を開始。

課題の発見と想い

保育園が総合児童福祉施設へ

様々な事業にチャレンジ

「保育園の多機能化に向け、やれることはたくさんあるはず」と話す駒崎さん。同法人は自宅訪問型の病児保育や小規模保育園を展開してきましたが、今後はその専門性を活かして、地域の子どもを中心としたまちづくりのハブとなる総合児童福祉施設となることを目指し、こども食堂や長期休暇中の卒園児の居場所づくりなど、様々な事業にチャレンジしています。

保育者の負担軽減と両輪で進める

新しい事業を始める際に忘れてはいけないのは、保育者の業務負担軽減や園に

いる子どもたちの保育の質の担保です。そのためには保育者の配置基準を改善し、報酬をプラスすること、さらに増員する必要もあります。

「例えば東京都では独自の制度として『保育サービス推進事業補助金』があります。同じような制度を国が創設して全国で多機能化を推進できないかと、国への提言を行っているところです」と駒崎さんは言います。

小規模保育園としてできること

小規模保育園には、少人数だからこそのきめ細やかさがあり、子どもに障害があったり、養育不全だったりする家庭とも手厚くかかわっているという強みがあります。この強みを活かして、厳しい環境下の子どもたちをより丁寧にケアし、地域の子どもの福祉を支える存在を目指しています。

① こども食堂で地域の親子とつながる

 園には安全な環境、調理施設があり、子育ての悩みを相談できる相手がいます。これらを活かして、地域の親子とつながりたいと考え、「保育園こども食堂」を始めました（月に1回開催。無料。定員20〜30人）。当園に通っている親子はもちろん、近隣の保育園に通う親子、母子寮の方、専業主婦で子育て中の方など、多くの方が来てくれて大盛況です。地域に住む方々との接点ができました。

 「妊娠中でごはんの用意がしんどかったので、たいへん助かりました」「子どもたちも慣れ親しんだ味なのでたくさん食べてくれるし、親も外食にはない栄養バランスの良い食事を食べられてうれしい」（保護者）

「保育園こども食堂」は、子育てに追われている人たちにとって家事や育児負担の軽減になりますし、孤独な子育ての解消にもつながります。メニューはから揚げや煮物、みそ汁等、普段子どもたちが園で食べているものが中心です。食事の後は、子どもたちはお絵描きや紙芝居に熱中し、保護者は保育者に悩み相談をしたり、同じ子どもをもつ親同士で情報交換をしたりと交流していました。「保育園こども食堂」をきっかけに、園の一時預かりを利用するようになった未就園児の保護者の方もおられます。

＊認定NPO法人フローレンスでは、こども家庭庁補助事業「ひとり親家庭等のこどもの食事等支援事業」を受託し、全国で保育園こども食堂を実施する団体へのサポート事業を実施。

2 夏休み期間中の小中学生の居場所となる

夏休み期間中、小中学生に保育園で職場体験をしてもらう「フローレンスのこどもインターン」を実施しました。参加者は、半日〜1日、"こども社員"として保育者の仕事を体験します。始めたきっかけは、卒園生の保護者からの「小学生になった子どもの夏休み中の居場所がなくて」という声。長期休みに1人で過ごす時間が多い小中学生に居場所をつくるとともに、将来の職業を考えるきっかけにしてほしいという想いもあり、キャリア教育という視点をプラスして「インターン」としました。

「フローレンスのこどもインターン」では、まず園長から保育理念や1日のスケジュールをレクチャーしてもらい、その日に学びたいことを子ども自らが目標設定します。そして保育者と共に保育に入ります。園児と水遊びをしたり、午睡の寝かしつけをしたり、部屋の掃除やおもちゃの消毒をしたりしていました。

1日の仕事終了後には、園長から感謝状とその日のハイライトをまとめた手作りのカードが贈られます。園児たちにとっても小中学生と遊んだ体験は格別に楽しかったようです。

 やりがいを感じられる仕事は、大変さに勝るくらい楽しいことを知りました。小さい子どもがとてもかわいかったです。(参加した中学生)

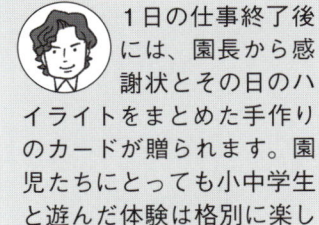

大豆生田先生まとめ
園の強みや資源の豊かさをアピールするチャンス

社会課題にコミットするために

「こどもまんなか社会」に向けて、園が地域の真ん中になっていくことが重要です。認定NPO法人フローレンスは、一貫して地域や社会の課題にコミットしようとしています。ある子ども・ある保護者の個人的な課題に見えることを、社会全体の課題と捉えて、なんとか解決していこうという意識があるのです。これは、これからの時代の園運営への大事なメッセージだと、改めて感じました。

地域の抱える社会課題をどう解決していくのか。今回の駒崎さんのお話には、「こども食堂」や「こどもインターン」というキーワードが出てきましたが、これからの園は保育だけでなく、地域のあらゆる子育て支援の機能を担っていくことが求められます。特に、福祉的な役割です。

そのためにはどのような人材が必要なのか？　また時には外部の手助けも必要でしょう。園のもつ資源を最大限に活用しながら、社会福祉士や精神保健福祉士、医師等、他職種との連携も必要です。この連携が真の意味での支援につながり、地域の子育てのしやすさにつながっていくことでしょう。

リスペクト型マネジメントの視点

園の多機能化が進むと、保育の質をどう担保していくか、保育体制をどう維持していくかという課題も出てきます。そこに対するリーダーのマネジメント力が問われてきます。認定NPO法人フローレンスでは、そこにも目を配りながら進めているとのことで、多機能化と保育の質の担保が両輪となるという、今後の方向性が見えてきたように思います。

ケース **7**

「食」を通して園から地域へと ワクワクが広がる

社会福祉法人ベテスダ奉仕女母の家
茂呂塾保育園（東京都板橋区）

園長　髙梨美紀先生

園の概要：1935年、深津文雄牧師がキリスト教精神による教育奉仕活動を始める。1938年、幼稚園として発足。1948年、認可を受け保育所に。定員43名。1956年、社会福祉法人ベテスダ奉仕女母の家　茂呂塾保育園となる。1960年、園舎を増築し定員70名に。2015年には創立80周年記念『もろじゅくごはん』を出版。食を大切にした保育を行っている。

**アプローチの
ポイント**

1 園の財産
「食文化」を
地域にも展開

園が大事にしてきた食事にこだわり、活動を展開。

2 園も保護者も
地域もみんなが
うれしい

園も保護者も地域もみんながうれしくなるような取り組み。

課題の発見と想い
食文化という園の強みを 保護者や地域に広げてみると

「レシピ」は園の財産

　茂呂塾保育園では1954年に給食をスタートし、栄養価に富んだおいしい食事を子どもたちに提供してきました。三代目園長の大宮洋子先生が、「お食事のレシピはこの園の財産」と大事にし、書籍化を希望。その想いを引き継ぎ、当時副園長の髙梨美紀先生は、創立80周年を迎えた2015年に『もろじゅくごはん』というレシピ集を保護者の協力も得て記念出版しました。保育だけでなく食事も園の子どもの心と体を育んでいることを確信しながら保育を営んできました。

地域の人ともwin-winに

　髙梨先生が園長に就任してから、給食の仕入れ先のパン屋さんと話す機会がありました。その方の「自分も未来の子どもたちのために何かしたい」という言葉から、パンを園で販売することを思いつきます。販売開始したところ保護者に好評。また、保護者からの給食も販売してほしいとの声から、お惣菜販売にもチャレンジすることに。さらに、保護者からのリクエストがあり、知的障がいのある方の就労支援の福祉施設で作られている自家焙煎コーヒー豆も、近隣施設でお互いに助け合うことができたらという想いから販売をスタートしました。地域とつながるワクワクは職員にも伝播して、今度は職員のやってみたいという声から「あかちゃん食堂」も始まっています。

① 園の財産「食文化」を地域にも展開

お惣菜販売は、元々やりたい気持ちはありましたが、お台所の職員の負担も考え、私が先走らないようにしていました。2023年度にお台所の職員を1人増やし、在園児の離乳食が安定する秋以降に、やってみないかと持ちかけました。これまでお台所はチームでの話し合いの機会が少なかったのですが、話し合いを多くもって役割分担も決め、不安なくできるように心がけたところ、緊張感がとれてきて、販売会議で「あれも作ってみたいね」「こんなのはどう?」とアイデアが飛び交っています。こういう新しい仕事はみんながおもしろいと思えないと進めにくいので、どうやるとおもしろいと思ってもらえるかなといつも考えます。話し合いが楽しそうなので、うまくいっているかなと思っています。

 夕食の副菜に役立っています! 1品手間抜きをするだけで、心も時間も余裕ができて、寝る前に子どもたちとボードゲームをする時間がもてました!(保護者)

 子どもたちはこんなに食材を使った美味しいものを食べているのか〜!と感激しています。(保護者)

もろじゅくごはん

 地域の人を招く保育も行ってます。職員面談で「赤ちゃん食堂というのをニュースで見ました。良くないですか?」とか「産後ケアをやりたい」とか職員が提案してくれて、地域の0歳児の保護者の方に「あかちゃん食堂」をご案内しました。周りからたくさんヒントをもらっていろいろなことが動いてきています。

お惣菜販売について保護者にアンケートを取ってみたら、涙が出てくるようなうれしい回答をたくさんいただきました。卒園してからも保護者とつながっているOBの会がいくつかあり、そこにも試験的に近々ご案内したいと思っています。

② 園も保護者も地域もみんながうれしい

5年ほど前に職員と「茂呂塾の未来を考える園内研修」をしました。将来やってみたいことを保育以外でも自由に出してと言ったところ、お掃除派遣、ベビーシッター、近所の高齢者の手助けなど、地域とつながるアイデアが自然と出てきたんです。園の強みの「食」を活かすという意見もたくさん出てきました。

新しく給食のパンをお願いしたパン屋さんがたまたま私の自宅のそばの方で、パンを買いに行くたびにおしゃべりしていた時、園での販売を思いつきました。保護者会で給食のパンを買えるとしたら?とアンケートを取ると希望者が多く、販売を後押しされました。

新しい取り組みの検討には委員会制度をとっています。いろいろな委員会があって、少人数で協議してから園全体に上げるというシステムです。ある程度、職員にお任せすることでチームでの作業にも慣れていきます。

近所の小茂根福祉園さんとはそれまでは交流がなかったのですが、コーヒー豆の販売を相談するととても喜んでくれました。子どもたちがコーヒー豆を受け取りに行く際には、子どもたちにお菓子をくださったりと、とてもウェルカムな対応をしてくださっています。

パンはお店での販売と同じ値段で販売していますが、わざわざ遠くまでいかなくてもパンが買えるので喜ばれています。保育園の保護者がお店で買うと1割引きにしてくれます。コーヒー豆もネット販売の2割引きで買うことができてお得です。お惣菜はちゃんと原価計算して、家族で小鉢に少しずつ食べられるくらいの量で400円以内。アンケートで量や値段の希望を確認しながら進めています。

大豆生田先生まとめ
楽しさを引き出した地域との互恵的なつながり

園からのアプローチが鍵

　地域のお店屋さんを含めて、実は子どもたちのために何かしたいと思っている人は少なくないということはとても重要です。ただし、園からアプローチしないと見えてこないのかもしれません。園から地域とつながろうとしてみると、一緒にやりたいという人は結構いることがこの取り組みからわかりました。園の子どもや保護者にメリットがあるだけでなく、地域の方にも収益面も含めたメリットがあることで、まさに互恵的な関係です。

　また、このような取り組みを始める際、保護者の声を聴くことがいかに大切か。そこでもらった意見から園の可能性が広がったことは特筆すべきことです。保護者たちがワクワクしながら、園のチャレンジに参加し、心を開いていく機会にもなっています。

リスペクト型マネジメントの視点

　このような新しい試みをする時のリーダーの戦略の大切さも感じました。まずは職員が楽しいと思えることが大事だと髙梨先生は話されていて、園の未来をみんなで考えるということから、職員の想いを聞き出しました。その時、リーダーが取り組みの順番を考え、着手していくことも重要な点です。こうした周到なマネジメントがあるからこそ、ワクワクの構想が実際に動き出すのだと思います。

　職員からおもしろがって地域への広がりをもったアイデアが出され、かかわりを通して地域にファンができていく。さすがです。これが、実際にこどもまんなか社会を、園がリードしてつくっていくということなのだろうと感じています。

ケース8 園併設の児童発達支援事業所、子どもが共に生活して育ち合う

学校法人渡辺学園 **港北幼稚園**（神奈川県横浜市）

理事長　渡邉英則先生

園の概要：1976年開園、遊びを中心にした主体的保育を行う。児童発達支援事業所ゆわっこのおうちを敷地内に併設。

一般社団法人うるの木
ゆわっこのおうち（神奈川県横浜市）

代表理事
長岐裕美先生　　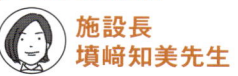施設長　墳﨑知美先生

施設の概要：2024年4月オープンの児童発達支援事業所。登録者は約30人、定員は1日10人。同法人では障害児とその家族が集う場「wacca」も月1回運営。

アプローチのポイント

① 子どもは子ども社会の中で育てる
年長クラスの活動に障害児も参加し、互いの気持ちを知る。

② 療育の職員も巻き込み、一緒に考える
療育の専門家も交えて、子どもに必要なサポートを考える。

課題の発見と想い
保育と療育の職員が子どもの育ちを軸に学ぶ

園と児童発達支援事業所が連携

港北幼稚園では、月に1回休日に園を開放して、障害児とその家族が集う「wacca」を開いていました。そのつながりで2024年春、敷地内にオープンしたのが児童発達支援ゆわっこのおうちです。園と児童発達支援事業所が連携し、障害のある子どもが子ども社会の中で過ごせる、インクルーシブ保育を目指しています。「園では以前から障害のあるお子さんも受け入れてきましたが、対応しきれずにお断りすることもありました。「ゆわっこのおうち」に専門スタッフ*が常駐するようになり、受け入れの幅が広がりました」と渡邉先生。

保育と療育、両方がわかる人を育てたい

長岐先生と墳﨑先生自身も障害児の親であり、開所前にクラウドファンディングやメディア露出をしたところ、熱い想いをもつスタッフが集まってきました。ところが、保育と療育の職員で考え方の違いが浮き彫りになることも多く起こりました。「療育では1対1でかかわることが多いので、障害児が園の子どもたちと一緒に泥だらけになって遊ぶような活動は想定しづらいようです」と長岐先生。子どもの育ちを軸に職員が意見交換し、作業療法士を中心にした勉強会も実施しています。「保育と療育の両方がわかる人を育てていきたい」と渡邉先生は言います。

*保育士、幼稚園教諭のほかに、理学療法士、作業療法士、公認心理師、言語聴覚士等がかかわる。
　医療的ケアの必要な子がいる場合は看護師の配置も必要

① 子どもは子ども社会の中で育てる

「ゆわっこのおうち」に通う子どもたちは、療育スペースから外に出て、港北幼稚園の子どもたちと一緒に1日を過ごします。ダウン症と難聴の症状があるA君（5歳）も、毎日年長児クラスの活動に参加しています。言葉を上手く話せず身長も低いA君ですが、クラスの子たちはA君のことが大好きです。最初は「なんで年長なのにこんなに小さいの？」「どうしてしゃべらないの？」と聞く子がいましたが、保育者が「どうしてだろうね。でもみんな大きくなるスピードって違うよね」と伝えていると、みんな自分のペースで育てばいいんだなということに気付いてくれたように思います。

子どもたちはA君の手を引いて遊びに誘ったり、お弁当の時間にはA君のイスも出してあげたりします。でもA君の入園からしばらく経つと、「もしかしてA君は1人で歩きたいのに、両手を引っ張ったりして邪魔してしまっていないかな」等、子どもたちが考えるようになりました。言葉の出ないA君の気持ちを汲み取ろうとして、「A君は今、そんな気持ちじゃないと思うよ」など、子ども同士で話し合うようになりました。

A君の1日
（幼稚園時間利用週4日）

朝
「ゆわっこのおうち」スタッフと一緒にクラスに登園

9時15分〜 13時30分
園児と港北幼稚園で過ごしながら、必要な時に「ゆわっこのおうち」にて個別支援を行う（療育スタッフは1対1で寄り添う）

子どもたちは、A君に対してはもちろん、年長児クラスの仲間同士でも相手のことを考えて行動できるようになったと感じます。（保育者）

② 療育の職員も巻き込み、一緒に考える

4歳の時に港北幼稚園に転園してきたB君。気持ちの整理が苦手で、保護者と離れる時に職員の髪の毛を引っ張ったり叩いたりして、職員が負傷するようなトラブルもあり、対応に困っていました。そこで「ゆわっこのおうち」がスタートしてからは、同施設の職員にも協力してもらって個別にかかわり、「その気持ち、わかるよ」と丁寧に寄り添うようにしました。すると、B君の行動は少しずつ落ち着いていきました。時には「今、あの先生に会いたくない。また髪の毛を引っ張っちゃうかもしれない」と自分の気持ちを伝えたり、自ら活動を止めて「ゆわっこのおうち」に行って気持ちをクールダウンしたりできるようになりました。

（写真上／子ども社会の中に居場所を見つけ、大人だけでなく友だちとも遊ぶB君。写真下／お気に入りの段ボールに入って、気持ちを落ち着けるB君）

専門のスタッフがかかわることも大切ですが、子どもはトラブルから学ぶことも多いです。大人が子どもの関係に立ち入りすぎずに、見守る姿勢も大事だと思います。

職員間でも話し合いを重ね、「ダメなことはダメときちんと伝える。みんなが同じ対応をしよう」と決め、保護者とも共有しました。それまではB君の気持ちを落ち着けることを優先して、乱暴をした時にきちんと叱れず、本人も何が良くて何が悪いかわからなくなっていたのだと思います。B君は園で様々な経験をするなかで、やってはいけないことと気持ちの整理の仕方を自然に学んでいます。だんだん「なりたい自分像」も見えてきたようです。

B君の1日 ※午後利用の場合
（幼稚園時間利用週3日・午後利用週2日）

午前中
港北幼稚園で過ごす

13時45分
港北幼稚園終了後、療育スタッフがクラスへお迎え、「ゆわっこのおうち」へ移動

14時〜15時
小集団での療育活動（工作・ゲーム・クッキング・実験など）

15時〜17時15分
港北幼稚園へ移動し、預かり保育の子どもたちと合流。おやつを食べて、一緒に過ごす

やってみよう！　はじめの一歩

例えば、こんなところからスタートしてみてはいかがでしょうか？
園の強みが活かせるように考えてみましょう。

子ども社会って何？

子どもが子どもの中で育つ意味を考えてみる

どんなケアができそう？

障害児が入園した際にどんな対応が可能か想像してみる

療育のプロに学ぶ

療育の専門家から直接話を聞く機会をもつ

大豆生田先生まとめ
すべての子どもたちが、共に育つ場に

園が児童発達支援に取り組む意義

　今、児童発達支援へのニーズは高まっていて、少子化の中、園が児童発達支援事業所を始めることの経営的メリットも大きいと思います。「ゆわっこのおうち」には入所の問い合わせが日本全国から寄せられていますし、幼稚園や保育園、認定こども園の経営者で、この分野に注目している人も多いことでしょう。

　園がこの事業に参入することの意義として私が何よりも注目するのは、療育が必要ということで今まで園に通うことができずにいた子どもたちが、共に育つことができるようになるということです。ゆわっこのおうちでは、児童発達支援事業所に通う子どもたちも園の子どもたちと一緒に1日を過ごしています。子どもが子どもの社会の中で育つことを保障し、

それぞれの良さを大事にする——。そこにこそ、園が児童発達支援に取り組む価値があるし、新しい児童発達支援の形があるのではないでしょうか。

リスペクト型マネジメントの視点

　一方で課題も見えてきました。療育の現場で長く実績を積んできた人と、幼児教育・保育を専門として子どもの育ちを支えてきた人の考え方の違いです。これらの人が同じテーブルに着き、互いの考えを尊重しながら一緒に考えていく場をつくることが重要になってくるでしょう。

　「こども基本法」には、すべての子どもの尊厳について述べられています。この実践から、障害のある・なしにかかわらず、子どもが一緒に育つ場が地域の中にあることや園がその拠点になれる可能性が見えてきたように思います。

ケース 9 医療的ケアの実践を通した みんなの共育て・共育ち

社会福祉法人はとの会
鳩の森愛の詩瀬谷保育園（神奈川県横浜市）

 理事長・園長　瀬沼幹太先生

 副園長　小林茂美先生　 看護師　石川明美先生

法人の概要：1985年、鳩の森愛の詩保育園を無認可園として開園。1999年、社会福祉法人はとの会設立。2005年、鳩の森愛の詩瀬谷保育園開園（定員100名）。現在、法人では5つの保育園と1つの分園、乳幼児一時預かり事業、放課後キッズクラブなどを運営している。法人理念「共育て共育ち」の考え方を根っこに、保護者と共に支え合い、成長し合う保育を進めている。

アプローチのポイント

1 看護師だけでなくみんなで命に向き合う
園のみんなが当事者として1人の子どもの命と向き合うことが根幹。

2 保護者の想いを丁寧に聴き取る
保護者の声を聴き、安心感がもてるような対応や配置を考える。

課題の発見と想い
どの子の命にもみんなで向き合う

すべては「出会い」

受け入れ体制が整わず、医療的ケア児は入園を断られるケースも少なくありませんが、園では入園したい家庭を断ることはありませんでした。「出会いですから」と瀬沼先生は言います。

現在、園には看護師が4名（常勤2名、非常勤2名）勤務しています。勤続11年目の石川看護師は、入職した時にはすでに医療的ケア児が園児にいたので、園とは様々な子どもを受け入れる所なのだと思い、自然とかかわるようになりました。医療的ケア児が卒園して園にいない時期には1人の保育者として、ほかの保育者と共に保育にあたってきたと言います。

共に育てて、共に育つ

「医療的ケアが必要だろうが、必要でなかろうが、1人の命と向き合うということでは同じ」と瀬沼先生が言うように、園では看護師や担任だけが頑張るのではなく、保育者、栄養士、作業員、事務員等の園のみんなが医療的ケアに向き合っています。2023年度からは横浜市医療的ケア児サポート制度が始まり、これまでの受け入れ実績が評価されてサポート園になりました。現在、4歳児クラスに2名の医療的ケア児が在籍し、来年度も1歳児1名を受け入れ予定です。子どもを真ん中に職員と保護者が手をつなぎ合い、支え合いながら、みんなでこの事業に取り組んでいます。

① 看護師だけでなくみんなで命に向き合う

写真は入園式の様子です。子どもも大人も一人ひとりが安心して自分らしく生き生きと過ごす（暮らす）ことが、医療的ケア児を受け入れる時にも大事ではないかと思います。設立から40年経ちますが、どの子も分け隔てなく受け入れたい、一緒に育ち合いたいという想いで運営しており、10年以上前から医療的ケア児も受け入れてきました。看護師加算は対象園児が卒園するとなくなるという点で難しさがありましたが、昨年度、横浜市医療的ケア児サポート制度が始まり、職員体制面の課題も解消されています。

医療的ケア児の受け入れに際し、配慮してきたことは、職員の声を聴き、不安を取り除くことです。責任はすべて園長の私にあることを伝え、看護師や担任だけが頑張るのではなく、園全体で向き合っていく。そのために、納得のいくまで話し合いをしました。また、それぞれの得意分野の発揮を大事にしていて、石川看護師が中心となりコロナ禍での手洗い・うがいの大切さを子どもたちに伝える劇をしたり、0歳児クラスのリーダーがDIYでスロープを作ったりと、活躍しています。

園では「みんなで医療的ケア児を保育していこう」という考え方であり、医療的ケア児に安心して向き合うことができます。保育者も医療的行為を把握していたり、家庭とのすれ違いがある時は、園長が対応してくれたりするのもありがたいです。

〈関連機関との連携〉

療育センター
・当園職員が療育センターを見学
・療育センター職員が当園に来園

医療機関や訪問看護
医師が書いた書類をもとにケア内容を行う（朝の受け入れで必要な物品を写真に収めて共有する等のアドバイスもいただく）

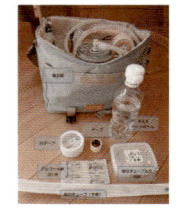

クラス会議、職員会議に参加でき、チームの一員であることを実感できます。（看護師）

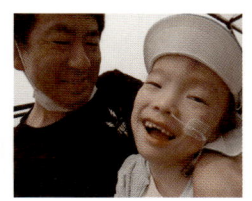

② 保護者の想いを丁寧に聴き取る

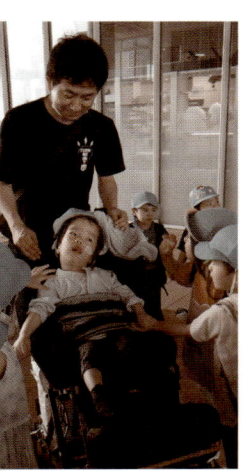

 医療的ケア児本人はもちろんですが、お父さん、お母さんとも近い距離でやり取りをしたいことをお伝えしています。「保育参加」や「ふれあいあそび（親子あそぼう会）」などの行事や、「クラス懇談会」、クラスの垣根を越えた「おとうさん懇談会」などに参加を呼びかけ、保護者同士の関係性をつくれるようにしています。

入園時の面談は、園見学時の相談も含めて、どうしたらお子さんを安全にお預かりし、安心して過ごせるかを各関係機関とも連携を取りながら何度となく行ってきました。まずは0歳児クラスでの生活から始めることで、保護者にも安心していただけました。来年度は今4歳児クラスのA君もB君も5歳児になります。ご家族に相談したところ、ご家族から子どもたちに向けてお手紙を書いてくださいました。A君・B君と仲良しになるために心に留めておいてほしいことのお手紙を保育者が読み上げると、聞き漏らすまいと真剣な顔で受け止めてくれた子どもたちです。

A君は経管栄養で鼻からチューブが入っているのですが、そばに来てくれた0歳児に「大事大事」と伝えていたら、月齢が大きくなったその子たちが「大事大事」と言って大切に扱うようになってくれて、とてもうれしかったです。

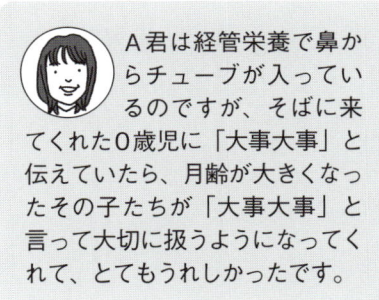

 0歳児の子どもたちは本当にA君とB君が大好きでそばに寄っておはようとご挨拶。4歳児の子どもたちは、テラスに行くとお花を摘んで持ってきてくれたりと、いろいろな交流があります。

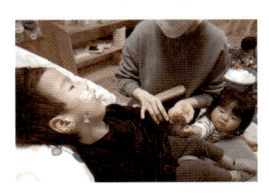

入園当初はA君は横になるだけの状態だったので、安心して過ごせる0歳児クラスに入り、当時2歳だったのですが帽子は0歳児と同じ色にしました。次の年度も0歳児クラスで過ごすことになりましたが、帽子の色は本来の年齢のクラスの色に。同じクラスの仲間だと認識してもらえて、世界が広がるといいなという想いで、ご家族と相談して決めました。

医療的ケアを考えてみる

医療的ケア児をどうすれば受け入れられる？

職員の想いを聴く

看護師や担任だけに負担を押し付けず、みんなで話し合う

保護者の願いを大切に

家族の願いを優先して聴き取り、子どもの幸せを考える

大豆生田先生まとめ
多様な子どものウェルビーイングを共につくる

多様な子どもが共に生きていく場

瀬沼先生が話された法人理念の「共育て共育ち」は、これからの社会においてとても重要な視点です。園で、小さな頃から多様な子どもたちが共に生きることが当たり前になっていくことが大切だと思います。医療的ケア児を特別扱いするのではなく、その子の個性を尊重するような社会をつくっていくこと、そういう場が園にあるということが、医療的ケアの事業を行ううえで最も大事なポイントです。そのことは、子どもだけでなく大人にとってもどれほど必要なことかと思いながらお話をうかがいました。

また、医療的ケア児を受け入れるにあたり、その子とご家族の安心をいちばん大切にしながら、声を聴き取り、オーダーメイドで保育体制をつくっていること

も大事な点でした。

リスペクト型マネジメントの視点

この取り組みでは多職種連携のチーム体制の構築が鍵となります。医療の現場などでは様々な専門職の連携が行われていますが、保育では比較的そのような連携は少ないのではないでしょうか。

本事例では、どの職種も対等に、看護師も保育者も専門性を活かしながら、1つの目的に向かって課題解決していくことを目指していました。長らく医療的ケア児を受け入れてきたからこそ、このような連携のあり方が生まれたのかもしれませんね。これからのこどもまんなか社会においては、園の中だけでなく、園の外の人々とつながろうとする時も、このような多職種連携の視点がとても大事になってくるのでしょう。

ケース10 寄り合い所を設け、違いを超えてつながり合う

NPO法人
地域の寄り合い所 また明日（東京都小金井市）

 園長　森田眞希先生

園の概要：2001年「子どもとお年寄りの家 鳩の翼」設立。2006年「鳩の翼」を仲間に任せて独立し、現在の場所に認可外保育園「虹のおうち」（2015年に認可保育園「また明日保育園」も開園）、認知症対応型デイホーム「また明日デイホーム」、地域福祉事業「寄り合い所」の3つを行う多目的福祉施設「地域の寄り合い所 また明日」を設立。

アプローチのポイント

① 園を地域に開き、地域の人を活かす
園を地域に開いて、地域の人や活動を活かす場をつくる。

② 地域の人とゆるやかにつながる
子ども関係以外の地域の人とゆるやかにつながってみる。

課題の発見と想い
年齢や障害の有無などで施設を分けない

施設をなぜ分けるのか

　障害をもっている人も、国籍が違う人も、子どももお年寄りも、世の中はいろんな人がいるのに、どうして施設になると、子どもだけとか、障害者だけとかで分けてしまうのか──。森田先生が学生の頃から、ずっと不自然さを感じていたことが法人の設立につながりました。

地域の方の懐に飛び込む

　森田先生が施設の立ち上げ前に、町内会に入って地域の活動に参加しながら、「実は、こういうことをやりたい」と話すと、地域の方から「あの人に会うといいよ」と言われ、様々な人のところを訪ね

ました。後日、「あそこが立ち上がったのは自分のおかげ」と言っている方があちこちにいるという話を聞き、「本当にうれしかった」と森田先生。また、施設の運用については、設立時から市の担当者から助言を得ることができました。

違いを超えてつながり合う

　赤ちゃんからお年寄りまで、年齢・性別・障害の有無・国籍の違いを超えてつながり合っていくことが法人の理念です。そのため、「地域の寄り合い所 また明日」には保育園とデイホームのほかに寄り合い所を設けて、子育て中の親子や小中高大学生、近隣の様々な人たちが立ち寄れる、みんなが一つ屋根の下で同じ時間を共有できる場所にしています。図面では、保育園、デイホーム、寄り合い所を区分けして必要な面積を確保していますが、同じ場所をみんなで利用しています。

① 園を地域に開き、地域の人を活かす

「また明日」には、多くの小学生が来ています。「〇〇ちゃん、この間こんなこともしてたよ」と保育園の子どものことを教えてくれたりして、すごく見ているなと思って、びっくりしますね。遊びに来ている小学生たちは、絵本の読み聞かせやご飯のお手伝いもしてくれます。

地域の方は大概、突然来るんです。この日は、小さい頃から遊びに来ていて、今はプロの独楽パフォーマーになった彼がふらりと立ち寄ってくれました（写真右側）。いつ行っても私がいるし、ぷらぷらして暇そうに見えるのか、それで、皆さん急に来てくださるのかもしれません（笑）。

ここ数年は、「また明日」の建物の中に収まり切らない活動というか、いろいろな方たちとかかわって、例えば、農家の協力で採れたての大根を販売してみたり、「また明日」に出入りしている様々な業種の方たちと公園の前に市場を立てて、地域包括支援センターやヘルパーステーションの方と連携して地域の気になる方を福祉につなげてみたりと、いろいろなことをやっています。

2 地域の人とゆるやかにつながる

「また明日」の決まりは、散歩中には知らない人でもあいさつをすることです。たとえあいさつが返って来なくても、あいさつを重ねていくと、次に会った時にあいさつを返してくれて、3回目ぐらいに、「なんで赤ちゃんとお年寄りの人たちも一緒に歩いているのですか」と言われて、「こういう場所なんです。だれでも来ていい場所なので、遊びに来ませんか」と声をかけたりしています。

地域の教会のご厚意で牧師さまのアンサンブルの練習を聴かせていただきました。子どものことを考えているのは、なにも子どもに関係する職種の人だけではないし、お年寄りのこともそうですよね。八百屋さんのおばちゃんだって子どもやお年寄りのことを考えたりしますし、喫茶店のマスターだってそういうことに詳しかったりします。

「また明日保育園」に入園する前、子どもと公園で遊んでいた時に、園の先生が「ここにおもちゃがありますよ」と声をかけてくださり、一緒に遊んで、その時のおしゃべりから園のことを知りました。（保護者）

例えば、こんなところからスタートしてみてはいかがでしょうか？
園の強みが活かせるように考えてみましょう。

**地域に接点を
つくる**
町内会などの地域の
活動に参加してみる

**散歩中に
あいさつする**
反応がなかった人で
も散歩中に出会った
らあいさつする

**地域の施設や
お店とつながる**
地域の施設やお店も
子どもの育ちに関心
をもっているかも

大豆生田先生まとめ
園の中でも外でも、人が真ん中の場をつくる

支え合いが生まれる場

　読者の皆さんは、保育園や幼稚園、認定こども園を単独で運営しているところがほとんどでしょう。でも、これからは地域と共にという視点で、少しずつ自分たちのミッションをまちに広げ、多機能化していくことが増えると思います。その点、「また明日」は最初から多機能・地域密着で始まっていたことが特徴です。

　今、世の中は、「こどもまんなか社会」に向けて動いています。そこには様々な人たちが参画するわけですが、子どもを大事にして支えるだけでなく、参画する人たち同士が互いに支え合う場も生まれるのではないでしょうか。

　つまり、「こどもまんなか」の先では、人を真ん中にして、まちに支え合いが生まれる場をいかにつくっていくかが大事

になると考えます。それは、年齢・性別・障害の有無・国籍の違いなども超えた場になり、しかも大規模ではなくお互いの顔が見える場ということで、「小規模・多機能・地域密着」が鍵になりそうです。

リスペクト型マネジメントの視点

　今回の事例では、眞希さん（地域の方や「また明日」で親しみを込めて森田先生はこう呼ばれています）が、園の中でも園の外でも様々な参画者たちの「架け橋」となり、ファシリテーターの役割を担っています。「知らない人を見たら気を付けろ」という今どきの不安な社会に対して、眞希さんはかつてあった地域のあり方を今風につくり直そうとしています。これは、「また明日」にかかわるすべての人の良さ・個性を活かす、まさにリスペクト型マネジメントだと言えます。

付録　園づくり・まちづくり　アプローチのヒント集

園づくり・まちづくりを進めるためのアプローチについて、ヒントの一例を掲載しました。
園のみんなで、できそうなところから少しずつ取り組むためにご活用ください。

まちの資源を使わせてもらう

☐ **多様性のあるまちの強みを活かす**
外国人比率の高い地域はダイバーシティの素地。そこで過ごす子どもたちに育つものを大切にする。

☐ **地域の「センター」再生でまちが活性化**
地域のコミュニティ拠点をまちのみんなでつくり、互いに気にかけ合うまちを目指す。

☐ **立地を活かして農業に携わる**
農村地域であるなら立地を活かし、地域の農業に携わり、食育やこども食堂につなげる。

☐ **子どものアイデアや可能性を企業に発信**
一般企業の資源を保育に活かすとともに、子どもの力を発信する。

☐ **まちの資源（例えば絵本）を使わせてもらう**
園に絵本が足りない時は図書館から貸してもらう等、地域と依存し合える関係をつくる。

☐ **身近にある山や畑など自然を活用する**
身近にある山や畑といった自然に注目して、安全面を考慮しながら活用してみる。

☐ **園も保護者も地域もみんながうれしい**
地域の力を借りてみんながうれしくなるような取り組みをする。

まちへ出かけてまちの人とつながる

☐ **園の子どもが地域にどんどん出ていく**
地域の資源を使わせてもらうことで、子どもにも地域にもうれしい互恵性の関係を考える。

☐ **あいさつから始めて、まちの人とつながる**
あいさつから始めて地域に顔見知りを増やし、まちの人とつながる。

☐ **農家と子どもたちでプロジェクトを開始**
子どもたちが農作物の発送用の箱に絵を描き、地域の農作物の魅力を全国に向けて発信する。

☐ **地域に住む外国籍の人とかかわる場づくり**
多文化共生を願い、日常の中で外国籍の人や海外の文化にふれる環境をつくる。

☐ **地域イベントや施設の企画にかかわる**
企画を通じて子どもも大人も自己発揮できる、互いに育み合うコミュニティをつくる。

☐ **卒園児や近隣小学校と交流を深める**
地域と共に子どもの成長を見守り続ける。

☐ **地域の人とゆるやかにつながる**
子ども関係以外の地域の人とゆるやかにつながってみる。

☐ **小学生の姿が、園児の刺激に**
園児が小学生の授業や活動に参加し、憧れや刺激で遊びに変化が生まれる。

まちの子どもも
支える

☐ **まちの子どもも支える**
小学生になった子どもたちの
放課後の居場所、
不登校の子どもたちの居場所をつくる。

☐ **行政と連携して進める、**
こども誰でも通園制度
モデル事業に参加し、利用者の動向や
運用の課題について行政と共有する。

☐ **卒園後の居場所・放課後児童クラブ**
（学童保育）を設置
卒園後も保護者が安心して働けるよう、園の
隣に放課後児童クラブ（学童保育）を設置。

☐ **園での経験を、**
小学校の授業につなぐ
子どもが主体性を発揮して
学習に取り組めるよう、
幼児期の経験の充実に努める。

☐ **こども食堂で地域の親子とつながる**
調理施設や保育環境、保育者の専門性を
活かして、地域の親子との接点を設ける。

☐ **夏休み期間中の小中学生の**
居場所となる
保育者の仕事を体験する
「こどもインターン」をやってみる。

☐ **駅前から郊外の園への**
送迎ステーションを設置
人口が集中する駅周辺の市街地と
のどかな自然が広がる郊外をつなぎ、
子どもの経験を豊かにする。

☐ **看護師だけでなくみんなで**
命に向き合う
医療的ケアが必要な子どもの命に
園のみんなが当事者として向き合う。

☐ **ケアが必要な子どもの保護者の**
想いを丁寧に聴く
保護者の声を聴き、安心感がもてるような
対応や配置を考える。

園を開いて
まちの人とつながる

☐ **コミュニティ醸成装置としての**
環境づくり
コミュニケーションが自然と
生まれるようなインクルーシブな
環境をつくる。

☐ **地域の親子に保育を届ける**
地域の子育て世帯にも保育の根幹である
「生命の保持と情緒の安定」を提供する。

☐ **地域で母親を産前からケアする**
核家族を中心に、特に産前からの
母親の心身のケアを事業として行う。

☐ **園を地域に開いて、**
園の専門性を活かす
園を地域に開いて、育児と育児支援の
リアルモデルを提供する。

☐ **地域の専門職や福祉施設などと**
連携する
地域の助産師や福祉施設などと連携し、
地域の育児期家族を支援する。

☐ **アーティストや音楽家を**
保育の場に招き入れる
アーティストや音楽家の活動が、
子どもたちの遊びの世界を豊かにする。

☐ **保護者が自己発揮できる場をつくる**
趣味や特技を軸に、保護者同士が
ゆるやかにつながるサークルをつくる。

☐ **園の財産「食文化」を地域にも提供**
園が大事にしてきた食事（給食）を
保護者や地域にも提供。

☐ **療育の専門家も巻き込み、**
保育者と一緒に考える
園での療育では、療育の専門家も交えて、
子どもに必要なサポートを考える。

☐ **園を地域に開き、地域の人を活かす**
小学生や若者が遊びに来て交流するなど、
地域の人や活動を活かす場をつくる。

[編著者]

大豆生田啓友
（おおまめうだ ひろとも）

（玉川大学教育学部乳幼児発達学科教授）

日本保育学会副会長、こども環境学会副会長。こども家庭庁「こども家庭審議会」委員および「幼児期までのこどもの育ち部会」委員（部会長代理）、文部科学省「今後の幼児教育の教育課程、指導、評価等の在り方に関する有識者検討会」委員、栃木県幼児教育センター顧問、よこはま☆保育・教育宣言運用協議会委員。NHK・Eテレ「すくすく子育て」出演。著書に、『子どもの姿ベースの指導計画シリーズ』（全３巻、フレーベル館）、『子どもが中心の「共主体」の保育へ』（監修、小学館）、『SDGs時代の保育実践アイデア帳』（フレーベル館）、『園のリーダーのためのリスペクト型マネジメントシリーズ』（全３巻、フレーベル館）ほか多数。

[協力]

第２章

- 社会福祉法人愛川舜寿会 カミヤト凸凹保育園
  （神奈川県厚木市）
- 学校法人柿沼学園 認定こども園 こどもむら
  （埼玉県久喜市）
- 社会福祉法人鐘の鳴る丘友の会 認定こども園 さくら
  （栃木県栃木市）
- 学校法人正和学園 幼保連携型認定こども園 正和幼稚園
  （東京都町田市）

第３章

- 認定NPO法人びーのびーの ちいさなたね保育園
  （神奈川県横浜市）
- ナチュラルスマイルジャパン株式会社 まちの保育園 小竹向原（東京都練馬区）
- 学校法人みのる学園 新大船幼稚園
  （神奈川県横浜市）
- 横浜市立本郷台小学校
  （神奈川県横浜市）
- 社会福祉法人つばさ福祉会
  （宮崎県西都市）
- 社会福祉法人仁慈保幼園 世田谷代田仁慈保幼園
  （東京都世田谷区）
- 認定NPO法人フローレンス
  （東京都千代田区）
- 社会福祉法人ベテスダ奉仕女母の家 茂呂塾保育園
  （東京都板橋区）
- 学校法人渡辺学園 港北幼稚園
  （神奈川県横浜市）
- 一般社団法人うるの木 ゆわっこのおうち
  （神奈川県横浜市）
- 社会福祉法人はとの会 鳩の森愛の詩瀬谷保育園
  （神奈川県横浜市）
- NPO法人地域の寄り合い所 また明日
  （東京都小金井市）

本書の第２章・第３章は、2023年4月号〜2024年3月号「保育ナビ」の連載「園のリーダーのためのリスペクト型マネジメント 子どもを真ん中に園づくり・まちづくり」等の内容と新たに取材した内容を整理して、加筆・修正したものです。

[表紙・本文イラスト] イイダミカ
[本文イラスト] すぎやまえみこ
[校正協力] 鷗来堂
[P42写真] 渡辺 悟

🌱保育ナビブック

園のリーダーのための
リスペクト型マネジメント❸

多機能化と地域共創の園づくり

2024年11月11日　初版第１刷発行

編著者　大豆生田啓友
発行者　吉川隆樹
発行所　株式会社フレーベル館
　　　　〒113-8611 東京都文京区本駒込6-14-9
電　話　営業：03-5395-6613
　　　　編集：03-5395-6604
振　替　00190-2-19640
印刷所　株式会社リーブルテック

表紙・本文デザイン　blueJam inc.（茂木弘一郎）